The Legacy of Nelson Mandela

나는 동이 트면서 밤이 낮으로 바뀌는 광경을 보는 것이 좋다.
그것은 언제나 장엄하다.

만델라에게 보내는 편지

만델라에게 보내는 편지

만델라 대통령 서거 1주기를 추모하며…

THE LEGACY OF NELSON MANDELA

사샤 아브람스키 · 칼로 마타바네 · 크리스티안 비츠 엮음 | 안진환 옮김

프롬북스
frombooks

만델라를 바라보는 30개의 다양한 시선

넬슨 만델라(이하 '만델라')는 20세기 말과 금세기 초, 수십 년 동안 세상에 지대한 족적을 남긴 인물이다. 동시대의 여느 정치인들과 달리 그는 다양한 성향과 계층의 사람들에게 한없는 존경과 사랑을 한 몸에 받았다. 그래서 사람들은 그가 수감생활을 하면서 겪었던 고초, 석방된 이후의 행보, 나아가 그의 인생역정이 의미하는 모든 것에 큰 관심을 보였다. 세상을 떠난 이후에도, 만델라를 한 개인이 아니라 고귀하고 불굴의 정신을 가진 표상으로 가슴에 품었던 것이다.

경찰의 감시망을 변장으로 잘 피해 다녀 '검은 뚜껑별꽃Black Pimpernel'이라 불리며 수배대상 1호로 지목되어 밤낮없이 쫓기던 만델라, 하지만 끝내 체포되어 양심수로 오랫동안 복역하다가 다른 어느 나라보다 인종차별이 극심하던 남아프리카공화국(이하 '남아공')의 치유자이자 개혁가로 활동한 만델라. 마침내 그 나라의 대통령이 된 만델라의 모습을 우리는 한 번도 놓치지 않고 지켜봤다. 동시에 한 인간의 지고한 염원이 이뤄지는 눈부신 순간까지 보게 되었다.

'넬슨 만델라'라는 이름의 상징성은 너무 위대해서 만델라도 한 개인이라는 사실을 잊게 만든다. 또한 그의 꿈과 이상이 아무리 원대해도 혼자 힘으로는 남아공뿐만 아니라 갈등, 분열, 빈곤, 불의로 고통받는 수많은 국가를 바람직한 방향으로 이끌 수 없다는 사실도 간과하게 만든다.

만델라가 1990년 2월 11일 교도소 문을 나선 순간부터 2013년 12월 5일 밤, 95세를 일기로 타계할 때까지 그의 행동 하나하나가 다 신화였다. '인간 만델라'라는 개인은 사라지고 '영웅 만델라' 또는 '지도자 만델라'라는 하나의 브랜드로 다시 태어났다. 공식 석상에서는 감히 비난할 수 없는 존재, 반드시 만나봐야 할 세계적 아이콘이 되었다. 사람들은 60여 년 전 인도의 간디에게 한 것처럼 그를 추앙했다. 그의 입에서 나오는 말 한마디, 한마디를 마틴 루터 킹(미국의 흑인 운동 지도자이자 목사)의 명구名句처럼 가슴 한편에 아로새겼다. 그는 그렇게 세계인의 마디바Madiba(남아프리카 코

사족이 '존경하는 어른'을 일컫는 말로 만델라에 대한 존칭이자 애칭)가
되었다. 특히 전염성 강한 그의 웃음과 가슴속까지 따뜻하게 해주
는 그의 포옹은 세상에 가장 냉소적인 기자들의 펜촉마저 무디게
만드는 마법적인 매력이 있었다. 또한 사랑스럽고 껴안고 싶은 충
동까지 유발하는 원로 정치인의 이미지까지. 정말이지 거부하고
싶은 마음이 들지 않는 대단한 마법을 갖고 있는 인물이었다, 만
델라는.

1년 전 이맘때인 2013년 12월 5일 노쇠한 지도자의 사망 소식이
전파를 타자 세계적으로 '흥미로운' 애도의 물결이 홍수를 이뤘
다. '흥미로운'이라고 말한 이유는 애도를 표한 인물들은 물론 그
표현에도 대단히 흥미로운 부분이 있었기 때문이다.

영국, 미국의 보수정당들은 한 세대 전에 만델라를 테러리스트
로 규정하는 우愚를 범했다. 그런데 이제는 그 정당들의 정치인들
이 그를 민주화의 지도자라며 칭송한다. 만델라가 우리 모두에게
앞으로 나아가는 방법을 보여줬으며 정치 보복을 거부하고 관용
을 택해 세상의 본성 중 상대적으로 선한 천사the world's better angels
를 해방시켰다고 말이다. 정치적 분열이 극심한 나라에서는 만델
라의 사망이 반대 정파들 간의 일시적인 화합을 만들기도 했다.
미국 오바마 대통령은 링컨 전 대통령 정부 때 육군장관이었던 에
드윈 스탠턴이 암살당한 대통령을 추도하며 썼던 표현을 신중하

게 다듬어 다음과 같이 헌사를 바쳤다.

"그는 더 이상 우리에게 속하지 않습니다. 그는 이제 시대에 속하는 인물입니다."

오바마와 대척되는 자리에 있는 공화당 하원의장 존 베이너도 '민주주의의 굴하지 않는 대변자'라며 칭송했다.

무엇보다 2013년 겨울, 세계적인 추도의 물결을 촉발한 다소 신화적인 인물이라는 관점보다는 '인간 넬슨 만델라'가 여러 가지 측면에서 훨씬 더 흥미롭다고 할 수 있다.

만델라 자신도 인정했듯, 그의 인생역정은 파란만장하면서도 화려했다. 아파르트헤이트Apartheid(과거 남아공의 인종차별정책)에 대한 무장항쟁의 물꼬를 튼 열성 혁명가, 아프리카 대륙에서 가장 오랫동안 1인자 지위를 누린 달변의 해방운동지도자, 누구도 가능하리라 생각하지 못했던 범민족적인 민주 투표를 통해 선출된 대통령이 되었으며 특히 보통 사람이라면 상상도 할 수 없는 관용을 베풀었다. 거의 30년에 이르는 수감생활 동안 자신과 끝없이 대화를 나눈 결과, 협상을 통한 평화로운 변혁만이 앞으로 나아갈 수 있는 유일한 대안이라는 결론을 얻고 그에게 온갖 몹쓸 짓을 하고 수많은 동료를 죽인 사람들을 용서한 것이다. 취임 직후, 만델라는 내전內戰의 불씨가 될 수 있는 복수와 응징 차원의 조치 대신 '진실과 화해 위원회Truth and Reconciliation Commission(보통 'TRC'라고도 함)'를 설치하여 아파르트헤이트 체제에서 자행된 가혹행위들을 밝혀서 기록하는 것으로 공식적인 과거사 정리작업을 마무리 지었다. 이것과 관련해 나이지리아의 소설가이자 정치운동가인 월레 소잉카는 다음과 같이 피력했다.

"나는 만델라의 관대한 영혼에 압도당하지 않을 수 없습니다. 나 같은 사람으로서는 감히 바랄 수 없는 차원의 아량입니다. 진실과 화해 위원회는 그 자체로 인류를 위해 베풀어진 하나의 기적입니다."

이외에도 만델라의 눈부신 업적들을 기록한 목록은 길게 이어진다. 하지만 그 자신도 너무나 잘 알고 있듯이 모두 장밋빛만은 아니었다. 그가 투옥되어 있는 동안 두 번째 부인 위니 만델라(반아파르트헤이트 운동가이자 만델라의 두 번째 부인)가 '아프리카민족회의African National Congress('ANC'라고도 함)' 활동을 하면서 일련의 폭력과 살인에 관여했다는 혐의들이 불거지는 바람에 결혼생활은 파경을 맞았다.

대통령이라는 위치에서도 그다지 후한 점수를 받기 힘들 것이다. 아파르트헤이트 체제가 종식된 이후에도 남아공의 흑인과 백인 간의 극심한 경제적 편차는 거의 좁혀지지 않았다. 아프리카 대륙의 다른 지역에서 이주해온 흑인들은 물론 수천만 명에 이르는 남아공의 흑인 국민들에게조차 그 편차를 좁힐 수 있는 기회는

거의 주어지지 않았다. 오히려 판자촌에 거주하며 근근이 생계를
이어가는 국민들이 오히려 늘어났다. 우후죽순 생겨나는 판자촌
들은 시각적으로나 상징적으로 남아공의 치부 가운데 하나다. 또
한 남아공의 인간면역결핍바이러스^{HIV} 및 후천성면역결핍증^{AIDS}
감염환자 비율은 유감스럽게도 세계 최고 수준이다. 폭력 범죄율
도 치솟았다.

　물론 용서와 화해를 전제로 만델라가 구상하고 실시한 일련의
정책들 덕분에 남아공이 내전의 참사를 모면한 것은 분명한 사실
이다. 하지만 빈곤, 극심한 불평등에 이어 질병과 폭력 범죄까지
만연한 상황에서는 남아공의 새로운 미래를 장담할 수 없다.

　이 책은 남아공이 처한 복잡한 상황들을 면밀히 분석해서 신화
적 베일 속에 감춰진 만델라의 참모습을 조명하고 동시에 그의 동
료들이나 지지자들 그리고 그를 비방하는 사람들까지 포괄하여
'넬슨 만델라'라는 인물이 남아공에 남긴 의미, 나아가 세계인들
에게 지니는 의미를 다시 한 번 돌아보려는 시도이다. 만델라와
그가 남긴 유산을 폄하하려는 것은 결코 아니다. 복잡하게 얽혀
있는 냉정한 현실과 신화의 실타래를 풀어내서 그 속에 가려진 만
델라를 완전하게 이해하고 그가 숱한 역경을 헤쳐 가며 이룩하려
던 무지개 국가^{rainbow nation}(흑백 차별이 없고 많은 인종과 문화가 자

연스럽게 이뤄진 남아공의 모습을 의미) 역시 복잡하지만 여전히 진행 중인 일로 이해하고자 한다.

사실 이 책은 영화 프로젝트에서 출발했다. 남아공의 영화감독 칼로 마타바네가 먼저 다큐멘터리를 제작하자는 아이디어를 냈고, 그 준비과정에서 출판도 생각한 결과가 바로 이 책이다. 아파르트헤이트 체제의 폭압과 정치에 항거했던 사람들의 삶을 주제로 여러 편의 영화를 제작했던 칼로 마타바네는 오랫동안 만델라를 흠모했고 그 이름이 남아공뿐만 아니라 전 세계에 미치는 영향력에 매료되어 있었다(마타바네는 이 책에도 참여했다).

"아파르트헤이트 시절, 작은 마을에서 태어났던 나에게 만델라는 영웅이었다. 그가 석방되었을 때 아파르트헤이트 체제가 즉시 무너지고 우리 땅에서 인종차별을 비롯한 모든 불의가 자취를 감출 것이라고 확신했다. 당시 10대 소년이었던 나는 자유에 대해 정확히 몰랐다. 다만 마법처럼 뭔가 일어날 것이라는 막연한 느낌뿐이었다."

물론 현실은 마타바네의 느낌보다 훨씬 복잡했다. 시간이 흐르면서 남아공의 흑인들은 아파르트헤이트 체제에서 온갖 혜택을 누렸던 사람들과 화해하는 과정 자체에 심각한 회의를 품게 되었다. 만델라를 여전히 성자와 거의 동급으로 추앙하는 사람들도 있었지만 환상에서 깨어난 사람들은 그를 전혀 다른 관점에서 바라보았다. 환상에서 깨어난 사람들은 다음과 같이 말했다.

"남아공의 흑인들 대부분은 너그럽게 과거를 품었다. 일반화를 전제로 하는 이야기이지만 우리들은 백인 형제들이 우리의 선물을 감사히 받아들이고 그 보답으로 우리에게 가했던 만행을 반성하며 가슴을 열 것이라고 생각했다. 하지만 그런 일은 일어나지 않았다."

마타바네의 말에 따르면, 만델라는 성자이자 신화가 되었다. 신화는 여간해서 깨지지도 않고 굳이 깨려는 사람도 없다. 마타바네도 이제는 이러한 상황과 연결하여 만델라에 대해 말한다.

"만델라는 성자이자 신화가 되었다. 신화라는 건 여간해서는 깨지지도 않고 굳이 깨려는 사람도 없다. 물론 공공연히 그를 비방하는 사람들이 있는 건 사실이지만 그 부분에는 관심이 없다. 내가 흥미를 느끼는 부분은 넬슨 만델라라는 인물이 지닌 모순성이다."

신화로 포장된 그 정치가(만델라)가 노쇠해지고, 세계 언론이 그 정치가의 임종과정을 경쟁적으로 취재하자 마타바네와 동료들은 그 정치가의 주변 사람들을 만나기 시작했다. 어떤 식이로든 만델라와 삶의 행로가 교차했거나 특정한 경험을 공유한 사람들이었다. 특히 아파르트헤이트 체제에서 본인 또는 가족이 시달리거나 구금된 적이 있는 사람들, 엄청난 고통을 안겨줬던 조직이나 관련

자들을 용서하고 화해하는 과정에 참여한 사람들을 중점적으로 만났다.

프로젝트에 착수하고 얼마 지나지 않은 어느 날, 인터뷰 자료들로 흥미진진한 다큐멘터리뿐만 아니라 독자들의 관심을 유발하는 책도 만들 수 있다는 확신이 들었다. 여러 면에서 만델라뿐만 아니라 시대상황까지 조명하는 수단이 되리라 생각했다.

그렇게 이 책은 탄생했다. 만델라와 그의 생애를 기록한 책은 무수히 많지만 권력자들과 유명인사들, 일반 서민들의 목소리까지 한데 모은 경우는 이 책이 유일하다. 그 일부를 살짝 공개해본다.

아파르트헤이트 체제의 무자비한 폭력에 아들은 잃은 어머니 채리티 콘딜레는 만델라가 주도한 화해의 과정을 어떻게 생각하고 있을까? 그녀는 아들을 살해한 자들이 죄의 대가를 치르는 모습을 보고 싶은 간절한 염원을 자신의 목소리로 풀어냈다.

나는 정치와는 아무 상관없는 여인네지만 그 살인자들이 감옥에 가면 사람들이 기뻐한다는 것 정도는 알고 있다. 정부가 민중의 편이라는 증거이기 때문이다. 그런데 지금 상황을 보면 정부가 그 살인자들과 같은 편이라는 생각이 든다.

헨리 키신저나 콜린 파월 같은 정치가들은 만델라의 행동을 어떤 시각으로 바라보고 있을까? 콜린 파월의 이야기를 직접 들어보자.

　　나는 만델라에게서 큰 교훈을 배웠다.
　　'과거의 잘못은 과거에 남겨두고 앞 유리창만 바라봐야 한다.'

　오랜 세월 동안 아파르트헤이트 체제에 맞서 싸웠던 알비 삭스
같은 열혈 운동가는 그 이후의 시대를 어떻게 관망하고 있을까?
신화의 베일 속에 실체가 감춰진 또 다른 세계적 인물 달라이 라
마는 실재實在보다 부풀려진 만델라의 모습을 어떻게 받아들이고
있을까? 오랜 세월 만델라를 노래해왔던 동양의 시인은? 옥고를
치르던 만델라를 뮤즈라고 여겼던 음악가는 대통령 만델라의 통
치과정을 어떻게 생각하고 있을까? 21세기 초에 노령의 상징적 인
물과 나란히 서서 사진을 찍은 어느 유명인사는 그것으로 과연 무
엇을 얻고자 했을까? 또한 인종갈등이 빚어낸 참상들을 낱낱이 앵
글에 담아왔던 종군기자는 혁명가에서 일약 세계 최고 지도자의
반열에 올라선 그 인물을 어떤 각도로 조망할까?
　리안 말란 기자는 아파르트헤이트 체제의 최대 수혜자들과 만델
라의 동반자 관계에 대해 다음과 같이 말했다.

　　남아공의 백인들 가운데 결백하다고 주장할 수 있는 사람은

하나도 없다. 모두가 아파르트헤이트 체제의 수혜자들이었으니까. 만델라가 면죄부를 제시했을 때 나는 부끄럽다 못해 치욕스러웠다. 아침에 잠에서 깨어날 때마다 의식이 말짱하다는 사실이, 내 피부색이 하얀 사실이 정말이지 진저리가 났다. 다른 사람들의 악행을 보고도 눈 감은 건 또 얼마나 이기적인 행태였는지….

만델라는 아파르트헤이트를 자행한 백인들을 용서했다. 그래서 나는 마음이 오히려 편하지 않다. 이건 완전히 예수님이 십자가에 달리는 상황이었다.

'저들은 지금 무슨 짓을 하고 있는지 알지 못하니 저들을 용서하소서.'

말하자면 만델라는 성자다운 면모를 지닌 인물이라 할 수밖에 없다.

만델라가 혁명가였다는 건 의문의 여지가 없는 사실이다. 단지 그의 무기고에 있는 가장 강력한 무기는 총이 아니라 사랑이었다. 아이러니의 극치라고나 할까? 솔직히 항상 그랬던 것은 아니지만 가장 중요한 선택의 고비 때마다 총 대신 사랑을 선택했다. 남아공의 백인들을 무장해제시킨 수단도 물론 사랑이었다.

나는 보어인(남아프리카로 이민하여 아프리카에 정착한 네덜란드계 사람들과 그의 후손들)이다. 보어인들은 300년 동안 백인 우월주의와 인종차별에 젖어 있었다. 흑인들을 결코 사랑할 수도, 믿을 수도 없는 집단이다. 그래서 흑인들이 기회를 잡으면 우리 모두를 죽일 거라고 생각했다. 그런데 갑자기 만델라가 먼저 다가와서는 아파르트헤이트 정책을 고안한 헨드릭 페르부르트의 미망인과 차를 마시면서 우리들의 불안한 마음을 달래줬다.

"지난 일은 지난 일일 뿐입니다. 형제여, 이제 우리 모두 소매를 걷어붙이고 미래를 향해 함께 나아갑시다."

나 같은 다혈질들에게는 머릿속에서 핵폭탄이 터지는 것 같은 충격이었다.

'이런 젠장! 대체 이 작자는 누구지? 그 오랜 세월 동안 감옥에서 죽도록 고생하고도 이럴 수 있단 말인가?'

아프리카민족회의는 체제 전복을 궁극의 목표로 삼고 있던 사회주의 혁명집단이었다. 하지만 그들은 1994년에 정권을 완전히 장악한 뒤, 1996년에는 점진적인 경제발전정책, 그러니까 신자유주의적 자본주의 원칙과 비슷한 정책을 선택했다. 경제 성장을 추구하다보면 결국 국민 전체가 그 결실을 누리게 되어 현재와 미래의 삶이 변할 것이라는 만델라의 결단이었다. 반면 측근들이나 지지자들 상당수는 결코 원하지 않았던 선택이었지만 오랜 세월 그들의 지도자이면서 그 세월의 절반 동안 혹독한 옥고를 치른 만델라를 감히 거역할 수가 없었다.

나이지리아의 저명한 작가 치마만다 아디치에는 '유일한 이야기'의 위험성을 강조했다.

"그런 류의 이야기는 고정관념을 창출합니다. 고정관념의 문제점은 사실이 아니라서가 아니라 불완전하다는 데 있습니다. 고정관념 때문에 특정한 이야기가 '유일한 이야기'로 굳어지니까요."

최근 몇 년 사이 만델라를 대하는 세인들의 자세가 더욱 공손해지면서 비범하면서도 복잡한 그의 이야기와 관련해 아디치에가 지적한 '유일한 이야기'로 편집되는 경우가 더욱 빈번해졌다. 사실 3차원적인 실제 인간을 진정으로 이해하려고 노력하는 것보다는 하나의 전설에 매달리게 만드는 것이 한결 편하다. 하지만 그래서는 편향적인 시각을 갖게 될 수밖에 없다. 이 책, 그리고 이 책과 함께 제작되는 다큐멘터리 영화는 '신화로서의 만델라'가 아닌 '인간으로서의 만델라'를 전 세계의 독자들과 관객들 앞에 불러오려고 노력한다.

만델라가 타계한 이후, 세계 각국의 정치 지도자들과 평론가들이 그의 삶을 회고하는 동안 아파르트헤이트 체제가 무너진 다음 세상에서 성장한 젊은 세대들은 아파르트헤이트와 그 해악에 맞선 (남아공 및 세계 각지의) 투쟁에 관해 많은 이야기를 듣게 되었다. 이 책은 거기서 한 단계 더 발전하여 만델라의 비범하고 개혁적인 모습뿐만 아니라 남아공의 문화, 정치에 담긴 방대한 복잡성까지 탐구하려고 한다. 또한 만델라가 강조한 화해와 그의 화술이 지금도 남아공 현지에 생성하고 있는 감정의 불협화음을 살펴보고 나름의 해결책을 고민해볼 것이다.

마타바네는 다음과 같은 편지를 만델라에게 썼다.

당신이 석방되던 무렵 저는 10대 소년이었습니다. 저는 텔레비전에서 당신이 석방되는 장면을 지켜봤습니다. 당신의 모습은 그때까지 제가 상상해왔던 것과는 달랐습니다. 정장 차림의 당신은 연약해보였지만 군중群衆을 향해 미소 띤 얼굴로 연신 손을 흔드시더군요.

당신은 평범해보였습니다, 우리 할아버지처럼. 저는 죄 없는 사람들을 죽이고 가두고 고문하고 사라지게 만든 자들 그리고 차별을 자행한 자들이 응분의 처벌을 받게 될 거라는 다짐이 당신의 입에서 터져 나오기를 기다렸습니다. 사실 저도 나름대로 끔찍한 기억과 상처를 지니고 있습니다. 할아버지나 할머니는 저를 데리고 시내에 가실 때마다 상점 창문을 통해 물건을 구입하셔야 했습니다. 백인들은 아무 제약도 없이 가게를 드나드는데 말입니다. 그뿐만이 아니었습니다. 손자뻘의 백인 젊은이들이 할아버지, 할머니에게 함부로 굴면서 쌍소리를 해대는 것도 봤습니다. 그러나 할아버지, 할머니는 참고만 계셨습니다. 얼굴은 수치와 분노로 일그러졌지만 말입니다. 저는 그 표정을 영원히 잊을 수가 없습니다.

기억하고 싶지 않지만 반드시 기억해야 하는 역사는 어느 국가에나 있습니다. 우리는 '언제'를 기억해야 합니까? '무엇'을 기억해야 합니까? 그리고 그것을 결정할 수 있는 사람은 '누구'입니까? 잔혹한 행위를 저지른 사람들을 우리는 어떻게 다뤄야 합니까? 특히 뉘우치는 기색조차 내비치지 않는 자들은 어떻게 해야 할까요? 자신들 역시 피해자들이고 단지 명령에 복종했을 뿐이라고 항변하는 권력의 주구走狗(사냥할 때 부리는 개, 여기서는 권력의 앞장이라는 의미)들은 어찌 해야 합니까? 그런 명령을 내렸다는 증거를 제시하라고 외려 큰소리치면서 가혹행위가 자행되는 상황을 전혀 모르고 있었다고 발뺌하는 그들은 또 어떻게 해야 할까요? 가족, 친구, 연인, 이웃을 배신한 사람들은 어떤 대가를 치러야 하는 건가요? 여성들을 함부로 대하고 강간까지 서슴지 않았던 자들은 어쩌죠? 때로는 여성 동료들까지도 범했던 짐승들을 어떻게 해야 옳을까요?

글을 쓰다 보니 제가 좀 흥분한 것 같습니다. 모쪼록 이해해 주시기 바랍니다. 그러면 다시, 당신이 석방되던 그 날의 기억으로 돌아가 보겠습니다.

지금 생각해도 그 정확한 이유를 모르겠습니다만 저는 많이 실망했습니다. 머릿속엔 수많은 생각이 떠올랐습니다. 먼저 우리 모두가 대규모 사기극에 말려든 게 아닌가 하는 생각이 들었습니다. 그들이 석방한 사람은 당신이 아니라 당신 역할을 맡은 배우일지도 모른다는 의심에 순간적으로 사로잡힌 겁니다. 할머니가 스스로 희망을 북돋우기 위해 당신에 관한 이야기들을 지어낸 게 아닌가 하는 생각도 들었습니다. 어쩌면 그 이야기를 지어낸 건 할머니가 아니라 저였을 수도 있다는 생각까지 들었습니다. 무미건조했던 제 어린 시절을 다채롭고 흥미로웠던 것처럼 꾸미기 위해, 혹은 어렸을 때부터 생각이 깊고 세상일에 관심이 많았던 것처럼 보이기 위해 제 자신이 당신에 관한 이야기들을 부풀렸는지도 모른다는 생각 말입니다. 도대체 무엇이 진짜이고 무엇이 허구일까요? 저는 과연 제 기억들을 온전한 사실로 믿어도 되는 걸까요?

실망인지 불만인지 저도 정확히 알 수 없는 감정에 휩싸인 채 홀로 당신의 모습을 텔레비전으로 지켜보고 있던 어느 순간 갑자기 죄책감이 밀려왔습니다. '넬슨 만델라를 추궁하려는 너는 누구냐?'

제게는 양심을 위해 일어섰다가 27년 동안 갇혀 지냈던 당신을 못마땅해야 할 자격이 없다는 사실을 문득 깨달았던 겁니다. 저는 물론 우리 가족들 가운데 어느 누구도 아파르트헤이트 체제에 맞서지 않았습니다. 아니, 못했습니다. 두려웠기 때문입니다. 덕분에 체포되거나 고문을 당한 적도 없었습니다. 수많은 '보통 사람'들처럼 우리도 겁에 질린 채 하루하루를 살았습니다. 우리의 안위를 돌보는 일에만 급급했던 겁니다. 생각이 거기에 미치자 저는 거리로 나가고 싶어졌습니다. '넬슨 만델라, 오 바바 웨투(넬슨 만델라는 우리의 아버지)'를 합창하며 요하네스버그 거리를 행진하는 사람들의 물결에 합류하고 싶어졌습니다.

그 날 이후, 몇 년 동안의 기억은 제 가슴 깊이 각인되었습니다. 제 인생에서 가장 아름다웠던 시절이었습니다. 수백 년 동안 우리를 괴롭혀왔던 악몽이 마침내 끝났다는 생각에 늘 들떠 지냈던 나날이었습니다. 당신이 이끄는 새 정부가 계몽적이고 미래지향적인 정책들을 잇달아 시행하여 교육과 의료복지 등을 누릴 자유가 평등하게 보장되면서 국민 모두가 위생적인 주택에서 살아갈 수 있는 미래가 곧 다가올 거라고 믿었습니다. 하지만 가끔씩 주변 국가들을 여행할 때마다 그 믿음이 흔들리곤 했습니다. 자유체제의 시민으로서는 우리의 선배격인 현지인들의 충고 때문이었습니다. 그들 역시 장밋빛 미래를 꿈꿨지만 결국 환상이었을 뿐이라며 지나친 기대는 접으라고 말하더군요.

오늘날 남아공의 젊은 시민들에게, 그리고 세상의 많은 사람에게 '만델라'라는 단어는 비현실적인 희망과 실망을 동시에 의미한다. 마타바네는 그와 관련해 이렇게 지적한다.

"남아공 내부의 불평등은 유감스럽게도 세계 최고 수준이다. 최근 들어 시민들의 시위가 빈발하고 있다. 우리가 품었던 꿈이 악몽으로 변하고 있다. 만델라의 이름이 붙은 판자촌들까지 생겨날 정도이다. 이 상황에 대해 만델라는 어떤 기분을 느끼고 있을지 궁금하다."

1980년대에는 '넬슨 만델라'라는 이름이 하나의 슬로건이었다. 세계 각국의 진보주의자들은 남아공대사관 앞에서 "넬슨 만델라를 석방하라"고 연호하며 연일 시위를 벌였다. 1990년대와 2000년대 초기에는 민주적 절차에 따라 만델라의 뒤를 이은 후계자들이 통치하던 남아공에서 여러 가지 부정적인 측면이 불거지는 상황이었지만 '넬슨 만델라'라는 이름은 하나의 브랜드로 자리를 잡는 중이었다. 또한 시대의 영웅에게 예禮를 표하기 위해 남아공을 찾는 세계 각국의 정치가들과 할리우드의 스타들의 발길이 끊임없이 이어졌다.

이 책은 남아공의 역사이자 곧 (거의 한 세기에 걸친 삶 동안 혁명가에서 자유 투사, 양심수, 정치가를 거쳐 노벨상 수상자가 된) 만델라

개인의 역사이기도 한 인종갈등, 투쟁, 그리고 그 뒤에 이어진 화해에 이르기까지 일련의 과정을 요연하게 정리하는 과정을 통해 '넬슨 만델라'라는 인물의 참모습을 다시 한 번 밝혀내고자 하는 기록이다. 신화가 된다는 것은 보통 사람으로서는 꿈도 꾸지 못할 영광이다. 하지만 신화 속에 갇혀 무조건 추앙받는 것보다는 진솔한 기록을 통해 진정한 인간으로서의 가치를 인정받는 것이 좀 더 바람직하다고 본다. 책의 내용을 통해, 만델라를 좀 더 객관적으로 보는 이 시간을 통해 지금 우리 사회에 필요한 '용서와 화해'의 진정한 의미를 찾아보자. 지금 우리는 '용서와 화해'가 정말 필요한 시대에 살고 있지 않은가.

저자들을 대표하여 사샤 아브람스키가 씀

차례

Nelson Mandela

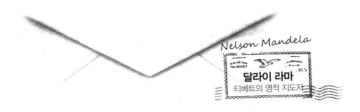

세계 시민의 의무를 알려준 만델라

만델라의 얼굴과 두 눈에는 언제나 밝은 빛이 서려 있었다. 비폭력주의를 지향한 그의 내면의지가 표출된 것이었다. 정권을 이양받고 민주체제를 수립한 뒤 그와 (남아공 출신 흑인으로는 처음으로 영국 성공회 사제가 되었고 노벨 평화상을 수상했을 뿐만 아니라 남아공의 정신적 지주로 존경받는) 데즈먼드 투투 대주교(이하 '투투 대주교')는 열熱과 성誠을 다해 용서와 화해의 과정을 수행했다. 비폭력에 대한 원칙이 가슴 깊숙이 아로새겨져 있기에 가능한 일이었다.

세상에는 평생의 과업을 이룬 뒤에도 가슴속의 응어리를 풀어내지 못한 사람이 많다. 따라서 만델라와 투투 대주교가 용서와 화해의 과정에 지대한 노력을 기울였다는 사실에 새삼 주목해야 한다. 그렇기에 만델라가 인류의 사표師表(다른 사람의 모범이 될 만한 인물)가 될 수 있다고 생각한다. 비폭력주의를 고수하겠다는 결심을 품고 과업에 착수했으며 민주체제 수립이라는 평생의 염원을 구현한 뒤에도 초심을 잃지 않고 국민의 가슴속에서 지난 시절의 과오에 대한 앙금을 씻어내기 위해 최선을 다했으니까.

만델라는 자유민주주의 투사이지만 신앙도 대단한 사람이다. 만델라에 대한 매체 기사나 방송을 접해본 사람이라면 누구나 알다시피 행동이 늘 온유하다. 폭력과는 거리가 아주 먼 종교인의 몸가짐이다. 성인聖人의 정의는 여러 가지가 있을 수 있겠지만 만델라의 몸가짐에서 성인들만이 지닐 수 있는 미덕을 늘 발견한다.

물론 미친개가 달려드는데 평화와 사랑만을 외치며 순순히 당할 수는 없다. 현실적으로 그런 사람은 없다. 자기방어를 위한 폭력은 정당하다. 하지만 그 밖의 경우, 특히 사회나 국가적 차원에서 특정인이나 특정 집단에 대해 자행되는 물리적 폭력은 어떤 명분으로도 정당화될 수 없다. 가해자는 폭력을 통해 소기의 목적을 달성할지 모르지만 피해자에게는 매우 부정적인 영향을 끼친다. 그 끔찍했던 기억이 다시 폭력을 낳는다. 갈수록 규모가 커지는 악순환이 시작되는 것이다. 폭력을 동원해서 승리를 얻은 자는 반드시 폭력에 의해 패배를 맛보게 될 것이다.

나는 늘 그렇게 말한다, 20세기는 멋진 시대였다고. 실제로 새로운 이념, 신기술, 기적의 의약 개발 등 눈부신 발전이 이어진 시대였다. 하지만 다른 각도에서 보자면 그 어느 세기보다 폭력이 난무했던 100년, 피로 얼룩진 100년이었다. 역사가들에게 들은 이야기인데 20세기 100년 동안 살해된 사람들의 숫자가 2억 명이 넘는다고 한다. 원자폭탄까지 동원된 대규모 폭력이 자행된 시기였다. 그 가공할 폭력을 통해 문제점들이 개선됐다면, 그래서 좀 더 평화롭고 좀 더 조화로운 새 질서가 수립됐다면 폭력이 바람직한 결과를 위한 필요악이라는 주장도 성립할 수 있을지 모른다. 하지만 그런 상황은 이뤄지지 않았다. 21세기에 들어와서도 마찬가지였다. 그 모든 불행이 과거에 자행된 폭력, 그리고 그 폭력을 뉘우칠 줄 모르는 정신적 나태함에 뿌리를 두고 있다고 생각한다. 이제 우리는 지난 경험을 통해 폭력은 문제 해결에 결코 도움이 되지 않는, 따라서 철저히 비현실적인 수단이라는 사실을 분명히 깨달았다. 폭력은 오직 더 큰 폭력을 낳을 뿐이다. 결국 사회, 지역, 국가 그리고 세계의 문제점들을 해결하는 방법은 오직 하나, 비폭력주의에 입각한 평화적 수단에 호소하는 방법밖에 없다. 평화적 해결이야말로 가장 현실적인 방법이다.

앞에서 자기방어적 차원이나 그에 해당하는 개인적인 경우까지 비폭력주의 원칙이 획일적으로 적용될 필요는 없다고 했다. 사회적, 국가적 차원에서도 도저히 용납되지 않는 경우가 있다. 아파르트헤이트 체제 당시 인종적 우월주의에 젖은 많은 백인이 흑인을 철저히 차별하고 온갖 가혹행위를 자행했던 건 분명한 사실이다. 다른 곳도 아닌 내가 태어난 조국에서 그런 대우를 받으며 오랜 세월을 견뎌내야만 했던 흑인들로서는 새로운 정부의 대대적인 사면조치를 쉽게 받아들일 수 없었을 것이다. 하지만 여기서 우리는 잊는 것과 용서하는 것이 서로 다른 개념이라는 사실에 주목해야 한다. 용서는 망각을 전제한 행위가 아니다. 과거를 까맣게 잊는다면 애초에 용서가 개입할 여지가 없다.

만델라와 그의 동료들은 다수결의 원칙, 언론 및 출판의 자유 등을 비롯한 모든 천부적天賦的 권리가 보장되는 진정한 민주체제를 건설했다. 이러한 과정에서 과거의 범죄들을 처벌하는 것은 아무런 도움이 되지 않는다. 분노와 좌절감을 조장해서 또 다른 폭력이 더 큰 규모로 자행되는 악순환만 거듭될 뿐이다. 그렇게 되면 애써 찾은 희망은 다시 사라진다.

용서, 용서를 해야 한다. 그래야만 부정적인 감정 없이 그 모든 불의를 평화적으로 심판할 수 있다. 물론 당장은 힘들 것이다. 하지만 내면을 다스려가며 부단히 노력하는 것이 세계 시민인 우리 모두의 의무이다.

달라이 라마 *Dalai Lama*

티베트의 영적 지도자이자 비폭력 저항운동의 상징으로 오랫동안 추앙받고 있다. 지극히 어려운 시련을 불굴의 의지로 헤쳐나가며 정치권의 정점頂點에서 숱한 변화를 겪었다는 부분에서 만델라(특히 용서와 화해를 통해 국민대통합을 이끌어낸 노년의 만델라)와 많이 닮았다. 1989년 노벨 평화상을 받을 때 다시 한 번 세계인들에게 호소했다.

"무력 충돌, 환경 파괴, 빈곤, 기아 등 오늘날 인류가 당면한 수많은 문제점은 다름 아닌 우리 자신들에 의해 빚어진 것들입니다. 따라서 우리의 노력에 의해 얼마든지 해결될 수 있습니다. 형제애와 자매애의 참뜻을 깊이 깨닫고 실천하는 것이 그 모든 문제를 해결하는 최선의 방법입니다. 우리들 서로를 위해, 그리고 우리가 공유하고 있는 이 땅을 위해 우리는 책임 있는 세계 시민이 되어야 합니다."

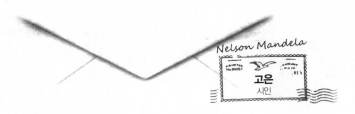

Nelson Mandela

고은
시인

평화가 전쟁보다 강하다

1980년대 후반, 순회강연을 위해 미국을 방문했을 때였다. 찾아가는 대학마다 학생들이 만델라의 석방을 위해 교정에서 시위하는 모습을 봤다. 아마 그때부터 '만델라'라는 이름이 내 가슴속에 새겨진 것 같다는 생각이 든다.

첫 만남은 10여 년 전에 대통령의 초청으로 만델라가 한국에 왔을 때였다. 내가 느낀 첫인상은 투사보다 동양적인 성인의 모습에 더 가까웠다. 만나는 동안 깊은 감명을 받았으며 이후 만델라를 떠올릴 때마다 부처와 간디가 연상되곤 했다.

나도 만델라처럼 끔찍한 고통을 경험했다. 바로 3년 동안 3백만 명이 넘게 목숨을 잃은 대학살의 한국전쟁이었다. 나는 그 처참한 대학살의 생존자였다. 그 이후로 나는 죽음을 어깨에 이고 살아왔다고 해도 과언이 아니다. 그것은 거부할 수 없는 나의 운명이다. 그들은 죽고 나는 살았다. 포화 속에서 죽어간 동포들에게 내 목숨을 빚지고 있는 것이다.

산천수목이 모두 불살라지고 마을은 거의 대부분 폐허가 되었다. 사람들이 사람들을 죽였다. 그 참혹한 광경은 내 가슴속에 깊숙이 아로새겨졌다.

나는 아주 오랫동안 사람들의 세상을 외면했다. 그러나 이제는 내 심장의 일부가 된 그 폐허가 곧 나의 시 세계의 중심이 되었다. 전쟁은 폭력의 종류 중에서 가장 잔혹한 폭력이지만 인간은 참으로 묘한 존재라 끔찍한 전쟁의 와중에서도 꽃처럼 밝게 피어날 수 있다. 그것이 바로 전쟁 중에도 시가 탄생할 수 있는 이유다. 관타나모 수용소의 철망 사이에서도 시들이 꽃처럼 피어나고 있지 않은가.

만델라는 인생의 가장 중요한 시기를 고스란히 감옥에서 보냈지만 화해의 손을 내밀어 가슴을 열었다. 그 후 총이 아닌 꽃을 든 사람이 되었다. 실제로 그의 얼굴에는 늘 꽃처럼 환한 미소가 피어나 있지 않았는가.

우리는 전쟁 대신 평화를 원한다. 하지만 전쟁이 끝난 뒤에 찾아오는 일시적 평화는 전혀 반갑지 않다. 평화가 전쟁의 부산물처럼 보일 수 있기 때문이다.

평화는 오로지 전쟁을 몰아낼 수 있는 강력한 힘이 되어야 한다. 그게 평화의 진정한 모습이다. 그래서 평화가 전쟁보다 강하다는 사실을 입증한 만델라를 더욱 존경한다. 그건 아주 중요한 문제다. 우리가 살고 있는 이 세상의 모습을 아름답게 바꿀 수 있는 유일한 방법이기 때문이다.

고은 Ko Un

대한민국을 대표하는 시인이자 소설가, 수필가이다. 한국 현대 문학사에서 매우 특이한 존재로 인정받고 있다. 그리고 한국 작가로는 유일하게 매년 노벨 문학상 후보자로 거론되고 있다. 미국의 한 시인은 그를 가리켜 "시에 미친 사람이다. 이 말 말고는 그의 작품들이 담아내고 있는 그 엄청난 에너지를 설명할 길이 없다"라고 했다.

민주주의를 억압하는 군부정권의 압제壓制에 대한 반발로 점차 정치적인 성향을 갖게 되었고 그로 인해 모두 네 차례의 옥고를 치렀다. 그중에서 20년 징역형을 선고받은 경우도 있었다(2년 후 일반사면으로 풀려났다).

시대의 부름에 의해 정치적 소신과 시에 대한 열정을 한데 엮은 그의 작품들은 문학계 양심선언의 표상이 되어 세계 방방곡곡에 울려 퍼졌다. 2013년 5월, 만델라에게 시를 헌정했는데 마지막 구절은 다음과 같다.

마침내, 이 세상의 탄식이 끝나니

Finally, after the world's laments

이제 당신의 위대한 미소가 있습니다.

there is your great smile.

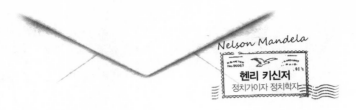

Nelson Mandela

헨리 키신저
정치가이자 정치학자

변화의 중심에는 만델라가 있었다

1960년대 초, 강의를 위해 남아공을 방문한 적이 있었다. 그때 이미 남아공에서는 만델라의 반역에 대한 재판이 진행되고 있었다. 처음 '만델라'라는 이름을 들었지만 국제정세에 별로 관심이 없던 시절이라 잘 몰랐다. 하지만 그의 최후 진술을 지면으로 접하면서 감명을 깊게 받았다. 한마디로 인간의 존엄성을 명료하고 준엄하게 밝히는 대단한 연설이었다. 그 이후 만델라는 조국을 넘어 세계의 자유를 위해 싸우는 불굴의 투사 모습으로 내 가슴속에 자리 잡았다.

나는 만델라가 석방이 된 다음에야 처음 만날 수 있었다. 정확한 시기는 기억나지 않지만 만델라가 카네기멜론 대학교에서 강연하기 위해 미국을 방문했을 때였다. 주최하는 곳에서 만델라에게 만나고 싶은 사람을 묻자 미국 정부의 고위인사를 부를 것이라는 예상과 달리 놀랍게도 나를 지목했다. 그 소식을 듣자마자 나는 곧장 날아갔다. 오후 내내 그와 대화를 나눴고 저녁에는 청중들 틈에 섞여 그의 강의를 들었다. 그의 공식 스케줄이 끝난 뒤에 다시 만나 대화를 나눴다. 감동적인 시간이었다. 만델라는 감옥에서 나의 셔틀외교shuttle diplomacy(분쟁 중인 두 나라 사이를 제3국이 오가며 중재하는 외교를 의미하는데 1973년 4차 중동전쟁 때 당시 미 국무장관이었던 헨리 키신저가 중재자 역할을 하면서 처음 사용되었다)에 대해 알게 됐는데 그동안 세계 평화와 자유 증진에 기여한 내 수고를 고맙게 생각하여 나를 지목한 것이다. 셔틀외교를 처음 들은 후부터 만날 날을 고대해왔다니 개인적으로 큰 영광이었다.

그의 강의에 참석했던 청중들 중에는 당황한 사람이 많았을 것이다. 아파르트헤이트 체제의 범죄 처리에 대한 만델라의 계획과 방법이 여느 혁명가들과는 전혀 달랐기 때문이다. 만델라는 그래야만 원하는 결과를 좀 더 신속하게 얻을 수 있으며 같은 맥락에서 협상 테이블에 앉아 절대로 그 문제를 거론하지 않겠다고 했다. 그가 겪었던 고초를 감안할 때, 위대한 영혼이 아니고서는 결코 가능하지 않은 발상이었다. 그 만남 이후 만델라가 미국을 방문할 때마다 거의 매번 공항으로 마중 나갔다. 환승 라운지에서 잠깐 만난 경우도 여러 번 된다.

어느 정도 시간이 흐른 뒤, 그를 찾아갈 수 있는 기회를 갖게 되었다. 당시 아프리카민족회의와 줄루족 간의 갈등은 나날이 깊어지고 있었다. 줄루족의 정당에 행정부의 지분을 분할하는 조항을 신新체제 헌법에 넣는 문제 때문이었다. 그 갈등을 중재하기 위해 남아공을 방문하면서 만델라를 여러 차례 만났다. 그리고 그 만남들을 통해 두 가지 결론을 내렸다. 첫째, 만델라는 진정으로 인간적이고 현명한 인물이므로 이번 갈등을 충분히 해결할 수 있다. 둘째, 이번 갈등은 외부 세력에 의해 해결될 수 있는 게 아니다.

나는 즉시 가방을 꾸리기로 결정했다. 남아공에 도착한 지 72시간 정도 경과한 시점이었다. 그곳을 떠나고 일주일도 지나지 않아 갈등이 해결되고 협상이 성사됐다는 쾌보를 들었다. 만약 제3국의 중재자들이 개입되었다면 더 많은 시간이 걸릴 수도 있었고 결과도 낙관할 수 없었을지 모른다.

당시 남아공에 있을 때 대책회의에서 줄루족 군대의 사령관이자 아프리카민족회의을 반대하는 망고수투 부텔레지를 경질하자는 의견이 나왔다. 하지만 줄루족의 분열을 원치 않으며 오히려 뭉치기를 바란다는 만델라의 말을 듣고 놀랄 수밖에 없었다. 눈에 가시 같은 존재라도 포용하는 모습에 말이다.

아파르트헤이트 체제에서 신체제로 넘어가는 과도기에 벌어졌던 일련의 협상과정을 구체적으로 주목하지 않았지만 그 과정이 성공적으로 이뤄질 것이라는 느낌은 있었다. 27년 동안 자신의 내면을 성찰한 끝에 주어진 소명이 무엇인지를 깨달은 사람이 주재한 협상이었으니까. 게다가 만델라는 집단 간의 갈등을 반드시 종식시켜야 한다는 목적의식을 갖고 상대방과 마주앉았다. 그런 그의 모습을 보면서 부당한 체제에 의해 매우 고통받은 사람도 함께 미래를 개척해 나가는 사회를 만들 수 있다는 사실을 상대방은 물론 온 국민이 분명히 깨달았을 것이다. 최소한 그 자리에서만큼은 인간의 한계를 뛰어 넘는 어떤 경지에 오른 존재였다. 망명을 떠난 덕분에 큰 고초를 겪지 않은 아프리카민족회의의 다른 지도자들이 좀 더 공격적인 자세를 취한 것을 보면 만델라의 존재가 더욱 돋보였다.

사실 만델라는 정치적 식견이 대단한 인물이지만 정치현안들을 다루는 자세는 나와 상당히 다르다. 그래도 나는 그의 의견을 항상 이해했다.

만델라는 탁월한 리더십을 발휘해서 국민에게 자유를 되찾아줬을 뿐만 아니라 복수의 마음을 접고 과거의 압제자壓制者(힘으로 사람을 꼼짝 못하게 강제로 억압하는 사람)들을 새로운 체제의 일원으로 받아들이면서 남아공의 백인과 흑인, 흑인집단 내 여러 파벌

사이에 화합의 분위기를 심어줬다. 그래서 나는 그를 존경한다. 그는 그 혼돈의 시기에 남아공의 등대이자 이정표였다. 아파르트헤이트 체제 때 백인 우월주의의 상징이었던 남아공 럭비대표팀의 스프링복 유니폼을 입고 경기장에 등장한 것도 통합의 길을 제시하는 무언의 제스처였다. 아파르트헤이트의 산실이자 흑백분리주의자들의 본거지였던 스텔렌보스 대학교를 방문해서 명예박사 학위를 받은 것도 마찬가지다. 또한 누구보다 더 철저하게 흑인 차별정책을 시행했고 아파르트헤이트 체제에서 대통령이었던 포르스터의 미망인을 찾아가 만난 일도 그렇다. 일부의 지적처럼 나약해서 그런 것이 결코 아니다. 27년 동안 혹독한 옥고를 치른 사람이, 이미 목숨을 포기했던 사람이 무엇이 두려웠겠는가? 그래서 그의 탁월한 리더십만큼이나 만델라는 인간 자체에 대해 감탄하지 않을 수 없다. 그는 진정 우리 시대의 가장 위대한 인물들 가운데 한 사람이다.

만델라는 권력욕에 사로잡혀 권력을 누리기 위한 사람이 결코 아니었다. 인간의 존엄성이 보장되는 세상, 누구나 평등하게 대우받는 세상을 원했을 뿐이다. 그리고 석방된 다음, 그 길고 길었던 수난에도 불구하고 남아공의 모든 국민에게 공동의 미래 건설에 참여할 수 있는 기회를 주었다. 모든 것이 위대한 인물이기에 가능한 일이었다.

헨리 키신저 Henry Kissinger

지난 반세기 동안 찬사와 비난을 한 몸에 받으며 미국의 대외정책을 좌지우지한 인물이다. 닉슨과 포드 정부에서는 국무장관으로 활동했으며 대통령 안보고문도 겸임했다. 닉슨 정부 때는 대통령과 단 둘이서 중요한 외교사안을 결정할 정도였다. 1977년 공직에서 물러난 이후부터 지금까지 논객, 사업가 때로는 민간외교관으로 활동하고 있다. 2002년 11월에는 9·11 사태 진상조사위원회 의장으로 임명되기도 했다.

정치적인 현실주의의 옹호자로서 집요하면서도 탁월한 외교수완을 발휘하고 분쟁지역에서는 미국의 국익보다 현지 국가의 진보적 변화를 추구하는 정책으로 세계의 신망을 얻었으며 1973년 노벨 평화상을 수상했다.

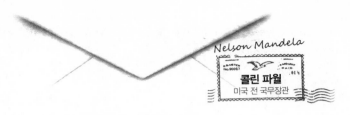

과거보다 중요한 것

만델라는 감옥에 있을 때부터 미국 내에서 유명인사였다. 미국 정부는 오래전부터 남아공 정세의 추이를 주시하고 있었다. 그래서 아파르트헤이트 체제가 최고조이던 시기에도 그 체제에 맞서고 있는 세력이 존재한다는 것을 알고 있었다. 물론 그 세력의 리더가 마디바, 즉 만델라라는 사실도 알고 있었다.

오랫동안 유지해왔던 체제가 더 이상 용인될 수 없다는 사실을 남아공의 제도권 인사들이 깨닫게 만든 행동은 하나의 기적이다. 그들은 아파르트헤이트 체제가 20세기 말이나 21세기 초의 남아공과는 맞지 않는다는 걸 인정하고 변화를 받아들였다.

1987년 당시 레이건 대통령의 안보보좌관을 맡고 있었을 때, 미국에서는 남아공에 대한 이야기가 많았다.

'남아공을 어떻게 다룰 것인가? 제재를 가할 것인가, 말 것인가? 아파르트헤이트는 물론 옳지 않다. 하지만 그걸 바로잡기 위해 제재를 가하는 것이 최선의 방법인가?'

이러한 이야기와는 별도로 나는 이미 만델라가 대단하다는 생각을 갖고 있었다. 관련 정보를 계속 들으면서 그 생각은 점점 확신으로 변했다. 이후 백악관을 떠나 군대로 다시 돌아가서 합참의장이 됐을 때는 4년 임기 동안 한걸음 떨어져 만델라를 응원하는 마음만 키웠다. 이미 내 마음속에 만델라를 존경하고 있었던 것이다.

만델라가 석방되어 다시 자유의 몸으로 활동하는 모습을 가슴 벅차게 지켜봤다. 특히 1994년 5월, 그의 대통령 취임식을 잊을 수가 없다. 당시 나는 한 사람의 퇴역장성에 불과했으며 이미 공직에서 은퇴하고 평범한 시민으로 돌아간 상태였다. 그런데 당시 클린턴 대통령이 나를 만델라의 취임식 사절단에 임명해줘서 무척 기뻤다.

나는 사절단의 대표가 되어 세계 각국의 지도자들과 함께 유니언빌딩 앞에 마련된 취임식장의 청중석 맨 앞줄에 앉아 있었다. 개막이 선언되자 모인 사람들은 술렁이기 시작했다.

"신사 숙녀 여러분, 새로운 남아프리카 공화국의 새로운 지도자, 넬슨 만델라 대통령이십니다."

장내 멘트가 울려 퍼지자 그 술렁임은 우레와 같은 함성으로 변했다. 그 함성과 함께 취임식의 주인공들이 입장하기 시작했으며 나는 그 장면을 다른 사람들과는 다른 시각, 즉 군인의 눈으로 지켜봤다. 입장 대열의 선두는 네 사람의 남아공 방위군 장성들이었고 그들 다음이 만델라였다. 남아공의 최고위급 장성들이 새로운 군 통수권자의 전방 호위를 맡은 대형이었다.

연단 앞에 선 만델라의 뒤를 본 순간, 나는 깜짝 놀랐다. 그의 뒤에 도열堵列한 새로운 체제의 얼굴들 맨 앞줄에 만델라를 감옥에 집어넣었던 아파르트헤이트 체제의 주역들이 만델라 앞에 등장한 네 명의 장성과 어깨를 나란히 하고 앉아 있었기 때문이다. 용서, 새로운 남아공, 복수가 아닌 화해, 공존 등의 단어들이 저절로 떠오르는 광경이었다. 그 광경을 보면서 나는 이제 남아공이 탄탄대로에 들어섰다는 걸 느꼈다. 만델라가 앞장선 그 길에 프레데릭 데 클레르크(아파르트레이트 체제를 제안한 인물)를 비롯한 아파르트헤이트의 주역들도 함께 하고 있다는 것을 확인해서다. 단지 국가 최고 권력만이 아니라 그 오랜 세월 동안 아파르트헤이트 체제의 버팀목이었던 군사권까지 완전히, 그것도 평화롭게 이양된 상황이 놀라웠다.

나는 그때 처음으로 만델라를 대면할 수 있었다. 물론 그가 없었다면 그 평화로운 이양도 없었다는 사실은 이미 알고 있었다.

만델라는 복수 대신 화해의 길을 선택했다. 과거의 잘못은 바로 잡으면서 관련 책임자들은 법으로 처단하지 않고 오히려 새 체제의 일원으로 동참시켰다. 새로운 남아공은 그렇게 탄생했으며 그 평화의 메시지는 남아공의 국경을 넘어 아프리카 대륙 전체, 세계 전체로 퍼져나갔다.

사실 아파르트헤이트 체제는 오랜 세월 동안 남아공에 굳건히 뿌리를 내리고 있었기 때문에 그 체제를 벗어나기 위해서는 끝없는 투쟁이 불가피하게 보였다. 그런데 그 투쟁을, 그것도 평화롭게 이끈 인물이 바로 만델라였고 결국 아파르트헤이트 체제가 무너지는데 시간은 많이 걸리지 않았다.

아파르트헤이트 체제가 전복되기를 바라지 않는 사람도 많았다. 미국에서도 처음에는 만델라가 테러리스트냐, 아니냐를 두고 많은 논란이 있었다. 즉, 남아공은 물론 미국을 비롯한 세계 각국에서 만델라를 테러리스트로 간주하는 사람이 많았다. 초반의 이런 정세 때문에 '간디 같은 인물'이 되고 싶다고 공언했던 만델라는 어쩔 수 없이 어느 순간부터 무기를 들었으며 기나긴 옥고를 치르기도 했다.

불변의 진리 중 하나가 '시대는 변한다'가 아닌가. 이번에도 시대는 변했다. 나는 소련과 철의 장막을 강하게 의식하며 군 생활 대부분을 보냈다. 핵전쟁의 위기도 여러 차례 부딪혔다. 하지만 소련도, 철의 장막도 이미 오래전에 사라진 시대에 우리는 살고 있다. 그 어느 시대보다 더욱 힘차게 펄럭이는 민주주의의 기치旗幟 아래 인권의 중요성이 나날이 증대되고 있다. 이에 따라 세계 곳곳의 수많은 체제가 변하고 있다. 러시아도, 중국도 변하고 있다. 특히 중국은 지난 20년간 눈부신 경제성장을 이룩하며 국민을 절대적 빈곤에서 해방시켰다. 그 변화의 가장 큰 원동력은 더 나은 삶을 살고자 하는 국민들의 염원이다. 그들은 생계를 유지하고 자녀를 교육시키기 위해 일자리와 그 일자리에서 얻어지는 수입을 원한다. 전 세계에서 쉴 새 없이 많은 변화가 일어나고 있는 이유이기도 하다. '아랍의 봄(중동 등에서 촉발된 반정부 시위)'은 사실 국가의 근본주의에 대한 도전이 아니라 일자리를 위한 요구, 빈곤으로부터 민중을 해방시키려는 투쟁이었다. 남아공에서 일어난 변화도 같은 맥락으로 본다. 자유, 인권, 그리고 빈곤으로부터의 해방이 그 원동력이다.

만델라 주변에 있는 사람들을 보면 모두 자발적으로 모인다. 주변에 그렇게 많은 사람이 스스로 모이게 만드는 인물은 만델라가 거의 유일하지 않을까 싶다. 유명인사, 특히 정치인이 많다. 나는 그런 만델라의 모습, 만델라의 주변 상황을 보면서 만델라를 '자석'이라고 생각한다.

만델라는 남아공 대통령이 된 후에는 민주체제가 아닌 국가들과도 돈독한 관계를 유지했다. 그 까닭을 묻는 질문에 그는 다음과 같이 대답했다.

"그런 국가들이 사람들의 존경을 받지 못한다는 건 나도 잘 알고 있습니다. 하지만 내가 도움이 필요했을 때 그들은 나를 도와주었습니다."

또한 끝까지 그들과의 신의를 저버리지 않았다. 만델라의 진면목이 느껴지는 부분이다.

과거 강대국들이 아파르트헤이트 체제에서 벗어나려는 남아공 민중의 염원을 모른 척하고 있을 때, 만델라의 투쟁을 외면하고 있을 때 도움의 손길을 내민 국가들은 하나 같이 독재체제나 사회주의체제 국가들이었다. 그리고 모든 게 끝나고 더 이상 그 국가들의 도움이 필요하지 않은 상황, 더 나아가 유대가 상당히 부담스러운 상황이었지만 만델라는 그 국가들을 비방하거나 등을 돌리지 않았다. 회의를 표하는 사람들에게는 이렇게 말했다.

"당신들은 그들이 마음에 들지 않을 겁니다. 하지만 남아공을 변화시키는 과정에서 그들의 도움이 필요했을 때 그들은 기꺼이 내 손을 잡아 주었습니다. 따라서 내게 그들을 배신하라고 강요하지 마십시오."

미국 정부를 대변하는 내 입장에서는 그다지 달갑지 않은 주장
이지만 그 뜻은 대단히 존경스럽다.

만델라는 인간의 절실한 염원과 민주적 원칙, 가끔씩은 필요할
수밖에 없는 투쟁의 표상이 되어 세상에 깊은 영향력을 미쳤다.
만델라가 떠난 지금의 남아공은 큰 숙제에 직면하고 있다. 일자리
를 창출하고 경제 시스템을 바로 잡아 국민이 혜택을 누릴 수 있
는 안정적인 사회구도를 이룩하는 숙제 말이다. 따라서 사과를 해
야 할 사람과 하지 않아도 될 사람의 구분 없이 오로지 미래를 향
해서만 나아가야 한다. 나는 만델라에게서 큰 교훈을 배웠다.
'과거의 잘못은 과거에 남겨두고 앞 유리창만 바라봐야 한다.'

콜린 파월 Colin Powell

미국 역사상 흑인 최초로 합참의장과 국무장관을 지냈다. 국가안보고문, 육군참모총장, 합참의장을 거쳐 조지 부시 대통령 때 흑인 최초로 미국 국무장관에 임명되었다. 2005년 퇴임할 때까지 25년 동안 군대와 정계의 요직을 두루 거쳤다.

미국 아이들이 어른으로 성장하는 과정에 도움을 주고자 '미국의 약속'이라는 복지재단을 설립하여 고등학교 중퇴율 감소 유도, 리더십 계발 등 다양한 활동을 진행하고 있다. 그리고 세계 여러 나라를 순방하며 수많은 인사들과 자리를 함께 했으며 만델라의 남아공 대통령 취임식을 가장 인상 깊은 기억으로 꼽았다.

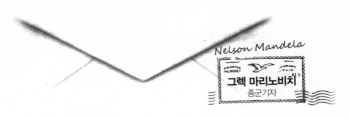

좀 더 일찍 석방되었다면…

전장戰場을 누비며 온갖 참상을 카메라에 담는 사진기자로서 갈등과 전쟁을 화해와 평화로 변화시킨 만델라의 업적을 어떻게 평가해야 할까?

참으로 복잡하다. 만델라는 실제로 위대한 인물이다. 하지만 여기서 사람들이 간과하는 부분이 있다. 그는 정치가이기도 하다. 칭찬으로 하는 말이 아니다. 그는 우리 시대의 아이콘 가운데 한 사람이다. 엄청난 역량을 지닌 인물이고 대단한 일들을 해냈다. 훌륭하게 인생을 살아온 사람이다. 우리 같은 사람들은 감히 꿈꿀 수조차 없는 차원이다. 하지만 다른 한편으로 보자면 정치가였기 때문에 놓친 부분이나 일부러 하지 못한 부분도 분명 있다. 그중

하나가 바로 '기록'이다.

아파르트헤이트 체제의 잔학상을 조목조목 밝히면서도 그 승리를 쟁취하기까지 치러야 했던 대가에 대한 기록은 어디에서도 찾아볼 수 없다. 이 부분에서 만델라의 정책에 대한 아쉬움이 남는다. 내가 다른 기자들과 같이 '뱅뱅클럽'을 만들어 남아공의 기록을 사진으로 남긴 이유도 바로 이 아쉬움 때문이다. 그 지난했던 노정路程(목적지까지 가는 과정)에서 이용만 당하고 사라진 사람들의 이야기는 전혀 기록되지 않았다. 기존 정치가들이나 앞으로 정치를 할 사람들에게는 불편한 부분이기 때문이다. 특히 남아공에서처럼 비교적 신속하게 정권 이양이 이뤄지는 경우, 그 과정을 좀 더 수월하게 진행시키기 위해서라면 불편한 진실들은 대부분 영원히 묻히게 된다.

과거 남아공의 과도기 시절, 우리 기자들은 집단 간의 갈등이 화합으로 끝을 맺지 못하면 자유선거도 민주주의도 물 건너갈 것이라고 판단했다. 그래서 우리는 실제상황을 있는 그대로 보도하기 위해 땀을, 때로는 피까지 흘렸다. 우리의 보도가 실제로 어떤 영향을 끼쳤는지 모른다. 하지만 우리가 하는 일이 민주주의와 남아공의 미래를 위해 아주 중요하다는 신념 하나로 전장을 누볐다. 아프리카민족회의를 비롯해서 아파르트헤이트 이후의 패권을 노렸던 여러 조직은 자신들의 행위만 정당화시키기에 급급했다. 그래서 객관적인 시각이 더욱 절실했다고 생각한 지도 모르겠다.

현장에는 피 냄새가 진동했다. 총소리와 비명이 고막을 울렸다. 그때 느꼈던 냄새와 소리는 지금도 우리의 기억 속에서 지워지지 않고 있다. 개인적으로도 잊을 수 없는 참혹한 장면들이 있다. 온몸에 불이 붙은 채 머리를 난자당하는 청년의 모습도 그 가운데 하나다. 전쟁터에서는 기자를 거의 건드리지 않는다. 그래서 그 청년이 처참하게 죽어가는 모습을 카메라에 담을 수 있었다. 바닥에 널브러진 사내의 몸뚱이를 쇠파이프로 계속 가격하는 장면도 아직 눈앞에 선하다. 도축장에서도 가축을 그렇게 죽이지 않을 것이다. 당시 그곳은 전쟁터였다. 그것도 증오와 광기뿐인 전쟁터…. 길바닥에 아무렇게나 널브러진 시체들을 보고 있으면 처참한 살육의 현장이라는 생각밖에 들지 않는다.

아름다운 초원이 피로 물들여진 전투를 취재하다가 만난 어린 부상병의 얼굴은 총알이 헤집어 놓아 너무 끔찍했다. 그 얼굴은 영원히 잊지 못할 것이다. 어른들의 전쟁, 어른들의 패권 싸움에 총알받이로 내세워졌다가 들것에 실려 고향으로 돌아간 그 소년은 이후 어떻게 되었을까?

당시 그 시절에 대한 내 기억은 그렇듯 끔찍한 장면들로 점철되어 있다. 각 집단의 지도자들도 그 참상을 알 것이다. 그들은 명령을 내렸고 전사들은 그 명령에 따라, 혹은 신념에 따라 싸우다 죽었다. 하지만 그 순간에도 지도자들은 협상 테이블에 마주 앉아 있었다. 결국 아무 의미도 없이 수많은 전쟁터에서 수천, 수만의 귀한 목숨이 사라져간 것이다.

남아공의 미래를 책임지겠다고 공언하는 지도자들 가운데 그 전쟁터의 희생을 공식적으로 기리는 사람은 거의 찾아볼 수 없다. 대부분 소년들이었던 전사들은 일회용 소모품처럼 사용되고 난 뒤 버려졌다. 그 처절한 전쟁은 협상을 위한 포석이었을 뿐, 그 자체로는 아무 의미도 없었다.

사실 지도자들은 처음부터 협상을 통해 정권을 장악할 계획이었다. 아프리카민족회의 수뇌부도 마찬가지였다. '정국을 어떻게 풀어나갈 것인가?', '앞으로 치르게 될 선거의 결과는 어떻게 될까?', '저쪽에 새로운 체제에 대한 지분을 좀 나눠주면 되겠지? 아니, 안 줘도 그만이지 않나? 뭘 어쩌겠어?'

이것이 처음부터 그들의 계획이었다. 무력충돌 대부분은 전혀 필요하지 않았지만 소년들을 전장으로 내몰았다. 그리고 그 불편한 진실을 영원히 묻어버렸다.

아프리카민족회의 지도부의 용단 덕분에 흑인과 백인 간의 대규모 내전이 일어나지 않았다고 하지만 내가 보기에 남아공에서 내전이란 애초에 근거 없는 발상이다. 백인이 모든 부富를 독점하고 있던 상황에서 흑인이 잃을 게 뭐가 있었겠는가? 또한 모든 손실을 고스란히 떠안을 수 있는 백인도 굳이 전쟁을 하려고 했을까?

절대로, 절대로 내전은 없었을 것이다. 아예 생각조차 해보지 않았을 것이다. 그 당시 이미 소련은 와해되고 베를린 장벽은 무너졌다. 완전히 변해버린 세계정세 속에서 대외적인 명분은 구舊시대의 유물이 되었고 오직 실리만이 모두의 관심사가 되었다. 결국 양측의 수뇌부는 협상 테이블에 마주 앉아 서로의 손을 잡았다. 물론 양쪽 진영에도 전쟁을 원하는 극단주의자들이 있었지만 그 세력은 매우 작았으며 국내외 정세마저도 전쟁의 편이 아니었다. 사람들은 잘 모르지만 남아공은 고도로 산업화된 국가이다. 그런 나라에 사는 부유층들이라면 자신들의 풍요로운 삶을 파탄으로 이끌 내전에 관심조차 없다. 오히려 내전이 일어나면 막으려고 난리를 칠 것이다.

남아공의 미래를 위해 목숨을 버린 사람들은 소년 병사들만이 아니다. 지식인, 사회운동가, 상당한 배경을 지닌 지도자급 인물도 적지 않았다. 물론 그들도 소년 병사들처럼 지금 역사에서 기억되지 않는 사람이 대부분이다.

그들은 어쩌면 '넬슨 만델라'라는 이름의 의미를 위해 목숨을 바쳤는지도 모른다. 남아공 또는 아프리카에서 '넬슨 만델라'라는 이름은 하나의 브랜드이다. 영혼을 흔드는 노래와 같은. 그것도 전염성이 아주 강한 브랜드이다.

정치적 불평등만이 아니라 생활고를 비롯한 현실적인 고통을 해소시키고 물리적 폭력으로부터 우리와 후손들을 지켜줄 '구원자'라는 의미가 '넬슨 만델라'라는 브랜드에 민중이 빠져든 가장 큰 이유이다. 실제로도 만델라는 그러한 구원의 상징이다. 어쩌면 상징이 되기를 원했다고 말하는 게 더 정확할 지도 모르겠다.

하지만 20년 전을 돌아보면 그때는 아니었다. 결코 아니었다. 왜일까? 지금의 나로서는 질문은 할 수 있어도 대답은 정확히 모르겠다. 그래도 그동안 브랜드화가 진행된 것만은 분명하다.

만델라는 한 차례의 임기를 마친 뒤 권좌에서 스스로 물러났다 (1994년 5월 남아공의 초대 대통령으로 취임했고 1999년 퇴임했다). 그가 대통령직에 좀 더 오래 머물러 있었다면, 차라리 좀 더 일찍 석방됐었다면 남아공의 상황은 많이 달라졌을 것이다. 좋지 않은 일들로부터 우리를 단순히 지켜주는 것보다 더욱 위대한 영도력領導力(앞장서서 이끌고 지도하는 능력)을 지닌 인물이 되지 않았을까? 하지만 안타깝게도 그에게는 시간이 부족했다. 그래서 우리는 그의 진정한 영도력을 더 확인할 수 없었다. 끔찍한 상황으로부터 국민을 지키는 것과 바람직한 상황으로 국민을 이끄는 것은 차원이 다른 리더십이다. 우리는 만델라에게 두 가지 리더십 모두를 기대했는지 모른다.

지금 와서 돌이켜보면 만델라는 우리의 이러한 기대를 충족시켜주지 못했다. 27년 동안의 구금拘禁이 가장 큰 걸림돌이었다. 아파르트헤이트 체제는 처음부터 그 점을 노렸는지 모른다.

'넬슨 만델라를 가능한 한 오랫동안 가둬놓아야 한다. 그 자가 바람직한 상황으로 국민을 이끌지 못하도록.'

어쩌면 만델라도 아파르트헤이트 체제의 끊임없는 방해공작 때문에 일부의 과정에서는 정치가의 모습을 갖출 수밖에 없지 않았나 생각이 든다.

일부 사람은 만델라가 정치개혁, 용서에만 집착했다고 말한다. 하지만 한 사람이 4년 내지 5년 안에 할 수 있는 일에는 한계가 있지 않은가.

사실 만델라는 엄청난 자력自力을 지닌 인물이다. 그의 온화한 미소와 눈길을 대할 때면 누구든 '이분이 나를 알아봐 주는구나' 하는 생각을 저절로 하게 된다. 그래서 그에게 더욱 끌리게 된다. 실물이든, 사진 속의 모습이든 그런 자력을 지닌 지도자는 국민들의 추앙을 받는다. 확신에 차있지 않고는 그런 모습을 세상에 보일 수가 없다. 자신이 나아갈 길과 이루려는 것을 뚜렷하게 인식하고 있는 지도자들에게서만 찾아볼 수 있는 모습이다.

투옥되기 전의 만델라를 모르지만 석방될 때의 만델라는 선명하게 기억하고 있다. 보자마자 무작정 따라나서고 싶은 충동이 생길 정도였다. 바로 그것이 '인간 만델라'의 특출한 면모 가운데 하나이다. 그렇게 지도자로서, 인간으로서 마법 같은 매력을 지닌 인물이었기에 사람들이 그를 위해 기꺼이 목숨을 던졌던 것이다.

만델라는 워낙 관리가 철저한 양반이어서 공식적인 자리에서는 특별한 모습을 찍기가 힘들었다. 민중과 함께할 때, 군중 속에 섞여 있을 때 만델라는 비로소 원래의 모습으로 돌아왔다. 이때가 사진작가 입장에서는 그의 가장 아름다운 모습을 카메라에 담을 수 있는 유일한 기회였다. 위엄과 온후함에다 군중 속에서 떼밀리는 아이들을 살피는 배려까지 여실히 드러나는, 그야말로 만인의 연인다운 모습도 볼 수 있다.

앞에서 정치가의 모습을 갖고 있다고 했지만 만델라에게는 어쩔 수 없는 선택이었는지 모른다. 사실 만델라의 진정한 참모습은 정치가가 아닌 만인의 연인다운 모습이다. 만델라가 좀 더 일찍 석방되었다면 남아공은 지금보다 훨씬 더 많이 달라졌을 것이다. 만델라에게는 시간이 부족했을 뿐이다.

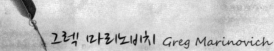
그렉 마리노비치 *Greg Marinovich*

지난 30년 동안 카메라를 들고 세계를 누볐다. 분쟁이 있는 곳에는 늘 그가 있었다. 《타임》, 《뉴스위크》, 《뉴욕타임스》, 《월스트리트저널》 등 세계 유수의 매체들이 그의 사진을 앞다퉈 게재했다. '뱅뱅클럽Bang Bang Club(아파르트헤이트 체제에서 민중의 정부로 넘어가는 과도기였던 1990년부터 1994년까지 남아공을 무대로 활동했던 사진작가들의 모임)' 4인방 가운데 한 명으로 활동하다가 네 차례나 중상을 입기도 했다(그중에는 아군의 오발도 있었다). 많은 동료가 불구가 되거나 목숨을 잃자 2000년 마침내 종군기자의 삶을 마감한다.

유엔은 그에게 공로상을 수여했으며 현재 월드 프레스 마스터 클래스World Press Master Class 아프리카 지명위원회의 회장으로 있다.

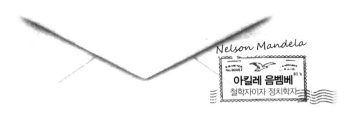

Nelson Mandela

아킬레 음벰베
철학자이자 정치학자

지금도 정의를 가르쳐 주고 있다

남아공의 정치 역사에서 의미 있는 삶을 위한 투쟁은 항상 미래의 이름으로 촉발되고 진행되었다. 나는 카메룬에서 태어나 어린 시절을 보냈다. 당시에는 매일 저녁 라디오에서 앙골라, 모잠비크, 남아공 등 주변 나라의 정세에 관한 뉴스가 끊이지 않고 계속 나왔다. 20세기 후반부의 아프리카 역사는 자유를 위한 투쟁이었다고 할 수 있다. 학교에서도 그 역사를 가르쳤다.

당시 카메룬 정부는 이미 만델라의 석방을 촉구하고 있었다. 그래서 나는 자연스럽게 만델라의 이름을 어렸을 때부터 알고 있었다. 그 이름은 나의 뇌리에 깊숙이 새겨졌고 그 이름과 함께 성장했다고 해도 과언이 아니었다. 내 친구들도 마찬가지다. 우리 세대는 만델라를 가슴에 간직한 채 자랐고 우리에게 아프리카는 곧 만델라였다.

사실 만델라는 아프리카 주민들, 그리고 아프리카 혈통을 이어받은 세계 곳곳의 흑인들에게는 길고 지난한 염원과 투쟁의 표상으로 인식되고 있다. 인간의 천부적 권리를 되찾기 위한 모든 노력의 정점에 만델라가 우뚝 서 있었다. 그렇기에 만델라는 모든 사람에게 희망을 심어주는 인류애의 상징으로 추앙받고 있는 것이다.

만델라는 오랜 세월 동안 모진 옥고를 치르면서도 그 형극의 길로 들어서게 한 자신의 신념을 결코 저버리지 않았던 인물이다. 보통 사람들 대부분은 마음을 수시로 바꾸면서 살고 신념을 지키려는 의지도 별로 없다. 신념이 있다고 해도 그 결과를 책임지려는 사람은 거의 없다. 이러한 세상이니 만델라가 돋보이는 것은 어쩌면 당연하다. 여기에다가 자신의 삶을 통해 흑인, 백인, 황인 모두가 똑같은 인간이며 한 식구이기에 서로 조화를 이뤄 공동으로 물려받은 이 세상을 풍요롭게 일궈나가는 것이 우리의 사명이라는 메시지를 일관적으로 전달한 모습이 만델라를 세계적인 인물로 우뚝 서게 했다. 인류애에 입각한 그 염원을 자신의 삶을 통해 실천해왔기에 만델라의 메시지는 그만큼 더 강력한 힘을 발휘했고 많은 사람을 끌어당길 수 있었다.

사실 만델라에게는 여러 가지 모습이 있었다. 무장항쟁을 선동할 만큼 성마르고 급진적인 젊은 날의 만델라도 그 가운데 하나이다. 그 모습은 말콤 엑스(미국 흑인 해방운동과 관련한 급진파 지도자)와 프란츠 파농(인종차별과 식민주의에 맞선 사상가) 그리고 반反식민투쟁에 앞장섰던 아프리카의 많은 지도자를 그대로 닮았다. 현실에서는 많은 사람이 그 모습을 외면했지만 나는 오히려 그러한 만델라의 급진적인 면모를 부각시켜야 한다고 생각한다.

만델라는 후환이 두려워 화해에만 급급했던 나약한 인물이 절대 아니다. 그의 역사에는 용서와 화해의 과정만이 있지 않았다. 만델라의 다각적인 모습을 충분히 인식하고 그 모습들이 남아공과 세계에 미치는 영향력을 제대로 평가하기 위해서는 '용서의 만델라'만큼 '투쟁하는 만델라'에도 비중을 두고 고찰해야 한다.

아파르트헤이트 체제를 무너뜨린 오늘날의 남아공은 결코 기적이 아니다. 수 세기 동안 이어진 민주주의를 위한 투쟁의 결과이다. 현실적으로 투쟁을 이끈 주체도 작은 정부 수준의 규모를 갖춘 조직이었다. 아프리카민족회의는 내부적으로 언론매체는 물론 학교까지 운영하고 있었다.

역사에는 기적이란 존재하지 않는다. 한 가지 목적을 위해 수많은 사람이 뭉친 조직에 의해 이뤄진 결과이다. 남아공의 경우도 예외가 아니다. 아주 오래전부터 세계 도처에서 우리가 확인했던 사실을 다시 한 번 확인한 사례일 뿐이다. 바로 민중民衆이 정의를 위해 힘을 합쳐 일어서면 무엇이든 이룰 수 있다는 사실 말이다.

만델라는 잘 알고 있었다. 결정적 기회는 결코 두 번 다시 오지 않는다는 것을. 그래서 그 기회가 오자마자 굳게 움켜쥔 것이다. 그 순간 남아공의 미래가 열렸다. 인류 역사상 가장 부당했던 인종차별의 주역들을 용서한 것도 공동의 미래를 위한 원대한 계획의 일부라고 생각한다. 이제 만델라와 그의 동료들이 피땀 흘려 열어 놓은 가능성에 의미를 부여하는 역할은 흑인, 백인, 동양인, 인디언 등 혈통에 관계없이 남아공 전체 국민들의 몫이다. 그들은 남아공 사회의 진정한 주인이 되어 만델라가 뿌려 놓은 씨앗이 풍성한 열매를 맺도록 함께 노력해야 한다.

과거에서 헤어 나오지 못하면 당연히 미래로 나아갈 수 없다. 따라서 만델라가 했던 남아공의 용서는 미래를 향한 교두보이다. 용서할 수 있는 국민만이 민주주의체제를 누릴 자격이 있다. 그 용서에는 정의가 반드시 수반되어야 한다. 정의 없는 용서는 도둑맞은 용서일 뿐이다.

돌이켜보면 20세기의 역사는 피로 얼룩져 있었다. 크고 작은 전쟁들, 인종 청소, 대학살 등 몸서리쳐지는 상황의 연속이었다. 신

원조차 파악되지 않은 희생자만 수백만 명이 넘을 것이다. 21세기의 시작도 20세기와 별반 다르지 않았다고 본다. 그래서 만델라라는 존재의 역사적 가치를 더욱 높이 평가한다. 그는 전쟁 등 각종 폭력을 통해 갈등을 해결하는 인류의 오랜 악습에 정면으로 맞섰다. 그리고 그 악습에서 빠져나올 방법을 제시했다.

만델라가 우리에게 남겨준 교훈은 수없이 많다. (개인적인 생각으로) 그 가운데서도 첫 번째는 가장 기본적인 인권이 제도적으로 무시되는 경우에는 지체 없이, 그리고 지속적으로 맞서야 한다는 교훈이다. 그다음은 상대방도 짐승이 아니라 우리와 같은 인간이라는 사실을 잊지 말라는 교훈이다. 즉, 대화가 최선의 투쟁수단이라는 말이다.

또한 투쟁을 통해 세계에 긍정적인 영향력을 끼쳤다. 다른 국가들은 그 투쟁을 각자의 부정적인 문제점들을 개선할 수 있는 계기로 삼게 만들어야 하는 숙제를 안게 되었다.

주변의 집요한 권유와 노력에도 불구하고 신화가 되기를 한사코 거부한 만델라의 행동에 대해 높은 점수를 주고 싶다. 그래서 만델라는 인류 역사상 그와 비슷한 반열의 위인들과 차별화되는 위인 중 위인이다.

인간이라면 모두 신화가 되고 싶어 한다. 하지만 소박한 만델라는 그런 지위를 바라지 않았다. 그에게 자신이 신화가 된다는 사실은 가슴속 깊이 자리를 잡고 있는 평등에 대한 신념을 저버리는 행위였다. 그래서 이 혼탁하고 불안한 세상에서 그의 소박함과 신의는 더욱 돋보이는 것이다.

만델라는 이 세상을 떠나고 나서도 계속 우리에게 말을 걸어온다. 정의를 어떻게 구현하며 불의의 유혹을 어떻게 뿌리쳐야 하는지 가르쳐 주기 위해서 말이다.

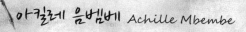

아킬레 음벰베 _Achille Mbembe_

남아공이 자신의 지적 고향이라고 말하는 카메룬 출신의 철학자이자 정치학자이며 문단의 인정을 받고 있는 작가이다. 컬럼비아 대학교, 예일 대학교 등 미국의 일류 대학교에서 외래교수를 역임했고 지난 30년 동안 많은 서적을 집필했다.

격변의 시기를 겪는 사회와 구성원들이 미래의 삶과 구도를 설정하는 방식에 지대한 관심을 가졌고 특히 새로운 민주체제가 빈곤을 다루는 과정을 오랫동안 연구했다. 이 연구는 아파르트헤이트 체제 이후 남아공이 당면한 가장 큰 문제 가운데 하나다.

현재 남아공 요하네스버그에 있는 위트워터스랜드 대학에서 아프리카 역사 및 정치에 관한 강의와 연구를 병행하고 있다.

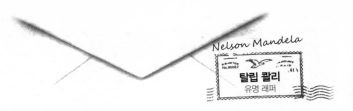

Nelson Mandela

탈립 콸리
유명 래퍼

추운 겨울이 지나면 봄이 온다

당시 고등학생이었던 나는 만델라가 석방되는 장면을 친구들과 함께 텔레비전에서 봤다. 보는 내내 가슴이 벅차올랐다. 혹시 아실지 모르겠지만 부모님은 머리와 심장을 늘 아프리카 쪽으로 향하고 살아오신 분들이다. 만델라는 마틴 루터 킹과 같은 인물처럼 우리 집에서 절대적인 위치를 차지하고 있으며 관련된 책이 집에 잔뜩 쌓여 있었다. 물론 나는 그 책들을 다 읽었다. 식구들과 함께 그들의 삶에 대해 토론도 자주 했다. 어머니는 아파르트헤이트 체제를 반대하는 조직이라면 무조건 가입하셨다.

1980년대 중반 무렵, 그러니까 내가 초등학교 고학년에 다닐 때 부모님은 브룩클린에서 일어난 반反아파르트헤이트 운동에 깊이

68

관여하셨다. 그래서 나는 어린 나이였는데도 남아공의 현실과 만델라에 관해 잘 알게 되었다. 만델라가 뉴욕을 방문했을 때는 얼굴을 보기 위해 가족 모두가 가려고 했다. 한나절 동안 꽉 막힌 도로에서 발만 동동 구르다가 집으로 돌아왔던 기억이 생생하다. 남아공은 우리에게 너무나 소중한 곳이다. 그 나라 흑인들의 문제는 곧 전 세계 흑인들의 문제였기 때문이다.

만델라를 떠올릴 때마다 시간이 치유자이며 인간사는 계절처럼 순환한다는 생각이 든다. 만델라는 추운 겨울을 견디고 나면 봄이 온다는 진리를 자신의 인생을 통해 보여줬다. 좁은 감방 안에서 시시각각 다가오는 최후를 기다려야 했고 설령 사형당하지 않아도 다시는 햇빛을 보지 못할 수 있었다. 그러나 모두 알다시피 그는 세상에 다시 나왔다.

내게 만델라는 계절과 진화, 그리고 성장을 의미한다. 오랜 기다림 끝에 봄이 찾아왔으며 길고 긴 겨울 동안 그의 머리와 마음은 진화를 거듭한 끝에 엄청난 성장을 이뤄낼 수 있었다. 그의 성장은 곧 그의 국민들, 나아가 인류 전체의 성장으로 이어졌다.

만델라의 여정은 오바마가 미국 대통령으로 선출되는 과정과 같은 의미를 지녔다고 생각한다. (흑인) 어른들은 아이들에게 "넌 뭐든 원하는 존재가 될 수 있단다. 미국 대통령도 얼마든지 될 수 있어"라고 말했다. 하지만 오바마가 대통령이 되기 전까지 미국에 있는 흑인들에게 그건 오랫동안 사실이 아니었다. 그런 선례를 찾아볼 수 없었기 때문이다.

어렸을 때부터 주변 사람들이 부모님께 내 이름을 지적하며 핀잔을 준 걸 기억한다.

"탈립? 어쩌자고 아이에게 그런 이름을 지어주었소? 이 아이는 절대 성공하지 못할 거요. 발음도 괴상한 아프리카식 이름을 가진 아이가 무슨 수로 성공한단 말이오?"

하지만 앞에서도 말했듯이 아프리카를 사랑하는 우리 가족에게 내 이름은 하나의 상징, 즉 영감을 주는 상징이었다.

이제는 만델라에 의해, 오바마에 의해 흑인들의 가슴은 부풀어 올랐다. 이제 우리 아이들도 뭐든 원하는 존재가 될 수 있다. 내가 오바마를 만델라와 비유할 수 있었던 이유는 두 사람 모두 흑인으로서 한 국가의 대통령 자리에 올랐다는 사실이다. 오바마는 만델라가 겪었던 지난한 투쟁의 기록이 없다. 하지만 그가 우리에게 주는 긍정적인 영향력은 분명 엄청나다. 그래서 그 두 사람의 이미지는 정말 중요하다.

물론 흑인이 대통령이 됐다고 해서 흑인들 전체의 삶이 개선된다고 할 수 없다. 누가 집권을 해도 계층 간의 고착된 구도, 특히 빈부의 구도는 크게 변하지 않는다. 이미 현실에서 눈으로 확인할 수 있지 않은가. 지속되어 오던 체제가 통째로 허물어지지 않는 한 불가능한 이야기다. 어쩌면 가난뱅이가 더욱 가난해지고 부자가 더욱 부유해지는 것도 변화일지 모르겠다.

만델라나 오바마가 대통령 자리에 오른 건 일종의 상징적 의미로 받아들여야 한다. 바로 삶이 개선되기를 기대했다가는 실망만 더 커질 뿐이기 때문이다. 비록 상징이라고 해도 그 비중을 결코 간과해서는 안 된다. 백악관의 주인이 된 오바마는 눈부신 활약을 보였다. 그래도 아직까지는 커다란 웅덩이에 떨어진 물 한 방울에 불과하다. 남아공의 상황도 비슷하다. 그런지 몰라도 그 먼 나라의 일이 더욱 가깝게 느껴진다. 언어도 다르고 문화도 다르고 흑인 대통령에게 거는 기대도 어느 정도 다르지만, 구체적으로 설명하기 힘들어도 난 그들과 우리가 비슷하다는 생각이 든다. 그 생각이 변화의 물꼬를 틀지 않을까 싶다.

탈립 콸리  Talib Kweli

1990년대 중반 미국 연예계에 데뷔했고 모스 데프와 함께 제작한 음반이 크게 히트를 하면서 일약 스타덤에 올랐다. 이후 카니예 웨스트, 윌 아이 엠 같은 일류 스타들의 피처링을 담당하면서 음악적 재능을 유감없이 발휘하고 있다.

정치색 짙은 래퍼로도 유명하다. 실제로 그의 음악에는 늘 정치적 요소가 가미되어 있다. '음악을 통한 혁명', '혁명적 에너지' 등의 표현을 즐겨 사용한다. 정곡을 찌르는 랩과 노랫말 덕분에 음악계의 찬사와 팬들의 사랑을 한 몸에 받고 있다. 또한 페미니즘, 인종문제 등 예민한 사안들에 관해 자신의 진보적 의견을 꾸준하게 말하고 있다.

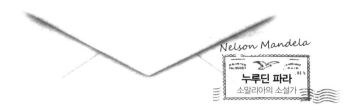

Nelson Mandela

누루딘 파라
소말리아의 소설가

역사를 올바르게 기록해야 하는 이유

지금까지 사람들은 아파르트헤이트 체제 이후 진행된 '용서와 화해'가 만델라의 독단적인 결정이라고 생각한다. 하지만 그건 사실과 다르다. 개인이 아닌 아프리카민족회의 등 여러 조직의 결정이었다. 특히 아파르트헤이트 체제와 관련된 사람들이 죄를 제대로 받지 않은 것을 두고 용서의 범위가 너무 넓다고 생각하지만 결코 그렇지 않다. 그런데도 사람들이 그렇게 생각하게 된 이유를 나는 두 가지로 본다.

첫째, 용서를 받은 다음의 과정이 없었다. 용서와 관련해서 발생하는 문제는 우선적으로 받는 사람 쪽에 있다. 용서를 받기 위해서나 용서를 받은 이후에는 반드시 받는 사람이 과거의 잘못을 인정하고 시정해야 한다. 하지만 남아공에서는 이런 일이 일어나지 않았다.

둘째, 다음 세대들에게 과거에 대한 교육을 제대로 하지 않았다. 과거의 잘못이 되풀이되지 않도록 사회 전체, 특히 교육계에서 다음 세대들에게 그 모든 과정을 가르쳐야 한다. 그래야 용서와 화해를 통해 이룩한 국민 통합이 대대로 유지될 수 있다. 하지만 남아공 사회는 그런 노력을 하지 않았다. 개인적으로 특히 이 점은 매우 유감스럽다. 10대 후반이나 20대 초반 남아공의 젊은 사람들은 그 지난했던 용서와 화해의 과정 전말을 거의 모르고 있다. 오히려 비슷한 또래의 외국인들이 남아공 역사에 대해 더 잘 알고 있다. 교육이 제대로 이뤄지지 않은 결과이다. 안타깝고, 안타까운 일이다.

왜 내가 역사에 대한 교육이 이뤄지지 않은 부분을 유난히 안타깝게 생각하는지 아는가? 남아공에서 벌어진 인종차별의 실질적인 역사가 무려 365년이다. 그 오랜 갈등의 역사를 한 번에 정리할 수 있을까? 결코 그럴 수 없다. 오랜 역사 속에서 수많은 사람이 죽거나 고통을 받았다. 용서든, 화해든 어떤 방법이로도 그들을 되살릴 수 없다. 그들의 희생을 기억하는 것만이 유일한 대안이며 그러기 위해서는 올바른 역사 교육이 반드시 필요하다.

남아공의 국민통합과정에서 아파르트헤이트 체제의 피해자들에 대한 보상보다 가해자들에 대한 용서가 더 우선이었다는 지적이 많다. 나도 그러한 의견을 자주 들었다. 그러나 현실적으로 어떤 경우든 피해자와 가해자를 분리해서 생각한다는 것 자체가 무리다. 피해자, 가해자는 서로 철저하게 얽혀 있다. 무엇이 우선이었다는 것보다 남아공의 경우 화해가 신속하게 이뤄졌다는 사실에 더욱 주목할 필요가 있다. 세계 역사를 봐도, 그 어느 나라도 남아공처럼 빠른 시간 안에 화해의 결과물을 만든 경우는 거의 없다. 그런 상황에서도 남아공 국민들의 불만이 많은 이유는 피해자들이 기대한 기적이 일어나지 않았기 때문이다.

남아공의 국민들 대부분은 화해가 이뤄지면 삶에 기적 같은 변화가 찾아올 것이라고 믿었고 그래서 진실과 화해 위원회의 조치에 비교적 순순히 따랐다. 쉽게 말하자면 '당신들이 내 아들을 살해했다. 나는 직업이 없다. 내 아들이 죽지만 않았다면 먹고 살 걱정은 없었을 것이다. 당신들이 저지른 죄를 용서하겠다. 대신 나의 생계를 책임져라'는 논리였다. 하지만 현실은 어떠한가?

기적을 바란 국민들의 기대는 아직까지 이뤄지지 않았다. 정치적 기적은 일어나 남아공에 민주체제가 들어섰지만 국민들이 고대했던 경제적 기적은 일어나지 않은 것이다. 기적에 대한 기대가 무너지니 자연스럽게 용서와 화해의 과정에 대한 불만의 목소리가 갈수록 커지고 있다.

요즘 나는 국제사법재판소에 청원을 제기하려고 준비 중이다. 20년이 넘도록 나라 전체를 무정부 상태로 황폐화시킨 내 조국 소말리아의 군벌軍閥들을 비롯해서 반인류적 범죄를 저지른 개인과 집단들을 법정에 세우기 위해서다.

내가 용서의 가치를 모르는 사람이라서가 아니다. 끔찍한 범죄를 저지르고도 뉘우치지 않는 사람이 너무나 많기 때문에 무엇인가 벌을 주기 위한 행동이 필요하다는 생각뿐이다. 용서를 구하지 않는 사람들을 어떻게 용서할 수 있겠는가?

아프리카에서는 잔인한 사태가 벌어져도 일단 그냥 넘어가는 경우가 비일비재하다. 정치인들이 늘 과거보다 현재를 강조하기 때문이다. 그러니 역사가 올바르게 기록될 기회뿐만 아니라 지난 역사를 되돌아보려는 시도조차 없었다. 올바른 교육을 해야 하는 학교마저도 역사를 제대로 가르치지 않았다. 아프리카 역사에는 반드시 기록되어야 할 내용이 대부분 빠져 있다. 책임을 져야 하는 사람이 없기 때문이다.

책임!

사람은 자신의 행동에 책임을 져야 한다. 용서보다 훨씬 중요한 덕목이 바로 책임이다. 지난날의 과오를 책임지는 사람만이 용서받을 자격이 있다. 영국의 신문에는 법정에서 책임을 추궁당하는 정치인들에 대한 기사가 거의 매일 실린다. 바로 이것이 아프리카에 필요하다. 아파르트헤이트 체제 또는 기타 독재체제들의 주역들이 저지른 잘못은 역사의 기준으로 무조건 책임을 물어야 한다. 이렇게 되기 위해서는 우선 역사가 올바르게 기록되는 작업이 선행되어야 한다. 이후 태어나는 남아공 국민들까지 교훈을 삼을 수 있게 말이다.

만델라가 추진했던 남아공의 용서와 화해 방식이 소말리아 같은 나라에서도 가능하면 좋겠는데, 가로막고 있는 문제가 너무 많다. 특히 '분노'가 제일 심각한 문제다. 바로 민중의 분노.

현재 소말리아의 민중들과 반체제 운동가들은 매우 분노하고 있는 상태이다. 그동안 정치가들에게 당하기만 했으니 그 분노는 어쩌면 당연한 것이다.

만델라를 '용서의 화신'이라고 부른다. 그가 용서를 할 수 있었던 계기는 여러 가지 문제에 관해 생각할 시간이 많았던 점이 주요했다고 본다. 사실 그의 '용서'는 인간적인 판단이라기보다는 정치적인 판단에 가깝다. 용서를 하지 않을 경우 상대방이 어떻게 나올지 아주 오랫동안 여러모로 생각하고 난 뒤, 용서의 범위를 결정하기 때문이라고 생각한다.

남아공은 1994년이 돼서야 진정한 독립국이 되었다. 주변 국가들에 비해 상당히 늦었지만 그 덕분에 만델라는 충분하게 생각할 시간을 가질 수 있었다. 또한 소말리아, 앙골라, 모잠비크 등 앞서 독립한 아프리카 국가들의 새로운 체제가 출범하는 과정을 보면서 교훈을 얻을 수 있었다. 그 나라들 모두 초반에 엄청난 진통을 겪었으며 아직까지 그 진통에서 벗어나지 못하고 있다. 정치적인 시각에서 보자면 남아공의 용서와 화해는 주변국들의 전철을 밟지 않겠다는 남아공의 신新체제 주역들이 각오에 각오를 거듭한 산물인 것이다.

만일 내가 만델라와 같은 상황이었다면 석방된 뒤, 한 대를 맞았으니 두 대를 때리겠다면서 어떤 식으로든 나의 분노를 표출했을 것이다. 만델라도 분노할 줄 모르는 사람이 분명 아니다. 그러나 오랜 세월을 심사숙고한 끝에 나 같은 사람과는 다른 방식으로 행동한 것이다. 기록을 통해 확인한 사실이다.

이미 남아공의 행보는 아프리카 다른 모든 국가들에게 매우 큰 영향을 미치고 있다. 우간다는 남아공이 추진했던 용서와 화해의 과정을 교과서로 삼고 실행에 옮겼다. 나는 소말리아도 그 뒤를 따를 것이라고 생각한다. 물론 그 전말을 자세하고 올바르게 기록해야 한다. 그렇지 않으면 이번에도 변화는 단발에 그치고 말 것이다.

내가 작가라서 기록의 중요성을 자꾸 들먹이는 게 아니다. 라이

베리아 전前 대통령인 찰스 테일러는 헤이그 국제사업재판소에 끌려나온 첫 번째 아프리카 대통령이다. 그 자리에서 그의 반인류적 범죄가 낱낱이 공개되었다. 국제사회가 그의 죄를 거의 모르고 있는 현실에서 '기록'까지 없었다면 그런 자리는 영원히 마련되지 않았다. 역사는 반드시 기록되어야 한다. 정말 중요한 일이자 과정이다.

만델라의 용서를 지지하지는 않지만 복수를 싫어하는 생각은 서로 같다고 할 수 있다. 복수라면 나의 복수든, 상대방의 복수든 모두 싫다. 그 둘을 연결하고 있는 악순환의 고리도 끔찍하다. 따라서 체제가 바뀌는 상황이라면 압제자들의 반인류적인 행위들을 기록으로 남기는 것이 최선의 방법이다. 앞으로 나라를 이끌 후손들을 위해서 필요하다.

이탈리아 통일의 아버지 가리발디 장군은 내가 태어나기 훨씬 오래전에 세상을 떠난 인물이다. 하지만 나는 소상한 기록을 통해 그를 잘 알고 있다. 그 기록이 존재하므로 가리발디 장군은 내게 아무것도 감출 수 없다. 로마에 가서 가리발디의 이름이 붙은 도로에 서 있다 보면 나는 역사가 그의 삶을 통해 가르쳐 주는 교훈을 다시 한 번 생각하게 된다. 남아공, 소말리아, 나이지리아 등 모든 아프리카 국가의 역사적 인물도 모두 그렇게 기록되어야 한다. 그 사람들 가운데 반인류적 범죄를 저지르고도 살아 있는 사람들을 일렬로 세워 총살형을 집행하고 싶어서가 아니다. 그들이 했던 짓을 고스란히 되갚아주는 행동은 나 자신을 그들과 같은 부류로 타락시킬 뿐이다. 만일 그들이 내 앞에 있다면 법적인 대가를 치르게 하는 대신 다음과 같이 말할 것이다.

"자, 당신들이 한 짓은 이 기록에 소상히 나와 있소. 나도 다 읽었소. 정말 몹쓸 짓들이었소. 이제 당신들이 지은 죄를 당신들 손으로 낱낱이 적으시오."

그런 다음 적혀진 그 기록을 역사에 첨가할 것이다. 아프리카의 도서관에 그런 기록들이 충분하지 않은 현실이 너무나 안타까울 뿐이다.

누루딘 파라 *Nuruddin Farah*

소말리아를 대표하는 소설가이자 아프리카 탈식민주의 문학의 거장으로 알려져 있다. 작가라면 누구나 선망하는 노이슈타트 국제문학상을 수상했는데, 그 상이 제정된 이후 아프리카 흑인 작가가 수상한 경우는 그가 첫 번째였다.

쿠데타를 일으키고 소말리아를 장기집권했던 모하메드 시아드 바레의 군사정권이 체포령을 내리는 바람에 20년 동안 망명하기도 했다.

한 인터뷰에서 "식민체제와 맞서 싸웠지만 역사에 오명汚名으로 기록되거나 아예 흔적을 찾을 수 없는 인물이 많다. 독립을 이룬 뒤 압제자의 길을 선택한 경우가 많았기 때문이다. 괴물을 제거한 용사가 괴물이 되는 현상이 아프리카에서 반복되고 있다"라는 말을 하기도 했다. 그러면서 압제자도, 괴물도 되지 않은 만델라만큼은 높이 평가했다.

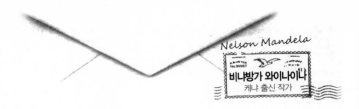

만델라의 이미지를 사용하려는 사람들

만델라가 교도소 문을 걸어 나오는 모습을 본 나를 포함한 사람들 대부분은 모두 '키가 크다'라고 생각했을 것이다. 그의 실제 모습을 처음 본 사람들이었으니까.

사진 속 만델라는 언제나 혼자여서 키를 제대로 알 수 없었다. 나는 이전까지 만델라가 마른 근육질에 작은 모습이라고 생각했다. 그래서 남아공으로 유학을 준비하던 날, 텔레비전에서 생중계되고 있는 그의 석방 장면을 보면서 충격을 크게 받았다. 키가 아주 크고 마른 그의 모습, 게다가 웃음을 머금은 신사적인 모습은 전혀 낯설었다. 그때까지 보던 사진의 모습과는 전혀 달랐기 때문이다. 사진의 모습은 권투선수 같았다, 늘 화가 나 있는.

내가 태어난 케냐는 전통적으로 보수세력이 압도적인 우위를 점하고 있는 국가다. 당연히 남아공 사태를 공정하게 보도하지 않았다. 텔레비전과 라디오 등의 언론매체는 총칼로 무장한 폭도들의 이미지를 부각시키기에만 급급했다. 그렇지만 케냐 국민들은 이미 진실을 알고 있었다. 케냐 어린이들은 아프리카민족회의 군가를 체육대회 응원가로 부르기도 했다. 나 역시 또래들처럼 만델라를 가슴에 품고 자랐다.

1990년과 1991년, 2년에 걸쳐 외환위기의 한파가 남아공을 제외한 아프리카 전 지역을 덮쳤다. 케냐의 경기는 완전히 얼어붙었다. 중산층은 괴멸되고 지원금이 끊긴 학교들은 문을 닫았으며 수많은 케냐 사람이 짐을 꾸렸다. 나도 그들 중 한 명이었다. 미국으로 가는 사람도 있었고 유럽으로 가는 사람도 있었지만 나는 남아공으로 갔다. 장학금을 받고 공부할 수 있는 기회가 가장 큰 이유였지만 다시 세상 밖으로 나온 만델라를 가까이에서 보고 싶은 마음도 있었다. 그래서 다른 곳은 아예 생각하지도 않았다.

놀랍게도 남아공에 도착해보니 언론매체의 편파적인 보도행각은 케냐보다 훨씬 더 심각했다. 종말을 향해 다가가는 아파르트헤이트 체제의 마지막 발악이었던 것이다. 물론 줄루족이나 소사족이 운영하는 작은 언론매체가 사실을 있는 그대로 보도했지만 그

쪽 말을 모르는 사람들에게는 아무 소용이 없었다. 결국 아프리카 전 지역에서 몰려든 피난민들은 백인들이 소유한 언론매체들의 보도만 보고 들을 수밖에 없었는데 그 결과 반체제 흑인운동가는 모두 위험하며 그들의 운동을 지금 제압하지 않으면 남아공 사회가 혼란의 도가니로 변할 것이라고 믿었다. 만델라에 대한 믿음은 흔들리지 않았지만 아프리카민족회의 강경파 지도자들에게는 믿음이 선뜻 가지 않는 바람에 피난민들은 오히려 불안에 떨어야 했다. 하지만 이내 만델라의 본모습과 정치철학을 사람들이 알아가기 시작했다.

사실 만델라가 죽기 전까지 (어쩌면 지금도) 만델라의 진실성보다는 이미지를 이용하려는 사람이나 매체가 너무 많았다. '만델라'를 통해 언론 플레이를 하는 것이다.

섹스 장면이 담긴 비디오테이프가 밝혀져서 이미지에 치명적인 타격을 입게 될 위기에 처한 여배우는 곧장 만델라에게 날아갔다. 특별한 대책이 없는 측근들과 광고주들에게 아마 이렇게 이야기했을지 모른다.

"걱정하지 않아도 됩니다. 남아공에 가서 만델라를 꼭 안아주고 오면 돼요."

물론 두둑한 구호기금 봉투도 잊지 않았을 것이다. 텔레비전 인터뷰에 나온 그 여배우는 다음과 같이 말했다.

"난 정말 문제투성이의 삶을 살아왔습니다. 그래서 넬슨 만델라를 찾아왔습니다. 기대했던 대로 아버지나 할아버지 같은 분이시더군요. 그래서 모든 얘기를 털어놓을 수 있었습니다."

도대체 이게 무슨 짓거리인지! 그녀는 만델라를 세탁기로 생각한 것이다. 추문醜聞을 세탁해주는 고성능 세탁기로⋯. 그 여배우가 인터뷰하는 내내 곁에서 웃고만 있었던 만델라의 태도도 이해가 가지 않았다. 대체 무슨 생각을 하고 있었던 걸까? 지금도 잘 모르겠다.

정치적인 측면에서 볼 때 누구든 찾아갈 수 있는 '만델라'가 된 이유는 하나다. 더 이상 위험인물이 아니기 때문이다. 그건 내가 써온 글들의 단골 주제이기도 하다.

지난 몇 세기 동안 마사이족은 케냐를 온 외국인들에게 사자보다 더 무서운 존재였다. 그러나 마사이족이 물질문명과 타협하고 난 다음부터 그들의 마을은 관광명소가 되었고 이방인들을 위협하거나 실제로 살상했던 창은 장식품이 되었다. 이제 그들은 누구나 찾아갈 수 있는 안전하고 멋진 존재가 되었다.

여기 한 사람이 있다. 사람을 죽이는 특수훈련까지 받아서 언제든, 누구든, 살상할 수 있는 위험한 인물이다. 하지만 오랜 세월 동안 자신과의 대화를 통해 아름답고 고귀한 이상을 지닌 사람으로 바뀌었다. 예상했듯이 그 인물은 바로 만델라다. 특히 서방세계의 지도자들은 그를 더 이상 위협적인 존재로 간주하지 않기 때문에 그에게 다가갈 때는 긴장하는 일이 없다. 그런 안심에는 베를린 장벽이 무너지고 소련이 와해된 국제정치의 상황도 한몫했다. 서방세계와 팽팽하게 맞섰던 적수들이 깨끗이 사라지는 바람에 만델라가 선전포고를 해도 도와줄 든든한 후원자들이 더 이상 존재하지 않는다는 의미로도 해석될 수 있다.

만델라도 이런 상황을 당연히 알고 있었다. 그래서 서방세계의 지도자들은 현명한 만델라가 자멸의 길을 선택할 가능성이 전혀 없음을 확신하고 만델라라는 인물에 대해 긴장을 푼 것이다. 또한 세상은 이미 자본주의체제의 독무대가 아닌가. 설상가상으로 중국도 변하고 있다. 오늘날의 중국 인민들에게 예전 체제로 돌아가라고 강요한다면 무슨 일이 벌어질지 모른다. 결론적으로 만델라가 또 다른 혁명과 투쟁을 선언했다면 선뜻 동조할 사람은 남아공 안팎을 통틀어서도 얼마 되지 않았다. 그나마 만델라쯤 되니까 귀라도 기울이지 만일 다른 사람이 그런 주장을 했다면 미친 사람 취급을 받지 않았을까?

지금 내 이야기가 만델라의 이미지를 폄하하려는 의도는 결코 아니다. 만델라는 어떤 외압에도 흔들리지 않는 불굴의 의지를 지닌 영웅이며 국민과 나라에 해가 될 선택은 결코 하지 않을 지도자라는 사실을 다른 사람들과 마찬가지로 나도 잘 알고 있다.

하지만 그에게도 혈기를 참지 못하던 시절이 분명히 있었다는 것도 사실이다. 잘못됐다는 이야기가 아니다. 그도 우리와 같은 사람이라는 말이다. 때로는 누군가와 말다툼도 했을 것이고 열도 받았을 것이다. 좌절도 경험했을 것이고 거짓말도 했을 것이다. 그게 사람의 본모습 중 하나다.

반면 매체를 통해 만나는 그의 모습은 어떤가? 반인류적 범죄를 저지른 자들 옆에서도 웃고, 추문에 휩싸인 연예인 옆에서도 항상 웃고 있다. 웃고 있는 만델라가 잘못이라는 말은 결코 아니다. 한 국가의 지도자로서, 세계인의 어른으로서 자신에게 다가오는 사람이라면 당연히 보듬어야 한다. 그런 이미지만을 부각시키는 매체들, 그 이미지를 자기 편의대로 이용하는 사람들이 잘못됐다는 말을 하려는 것이다. 유감스럽게도 그런 사람이 너무나 많으며 또한 하나같이 '가진 자'들이다.

만델라는 우상이나 전설이 되고 싶지 않은 마음을 여러 번 밝혔는데도 '가진 자'들은 순수하지 못한 동기로 만델라의 우상화를 부추기고 있다. 아마도 '만델라'라는 이름을 상표로 등록하고 싶은 마음이 굴뚝같은 사람들도 있을 것이다. 만델라를 진정으로 따르는 사람들은 진심을 가장한 '가진 자'들의 술수를 경계해야 한다.

만델라는 불굴의 의지나 평화만이 아니라 진실의 상징이기도 하다. 그러니 이용하려는 자들의 술수에 말려들어 만델라의 진실성이 훼손되어서는 결코 안 된다. 케냐에서 어린 아이들에게 만델라에 대해 물어보면 다음과 같은 대답을 들을 수 있다.

"누군지는 잘 몰라요. 그런데 어른들한테 이름은 많이 들었어요. 굉장히 좋은 사람이래요. 우리를 행복하게 만들어주는 사람. 예수님인가요?"

이 세상에서 어떤 사람이 자라나는 세대로부터 이런 찬사를 들을 수 있겠는가? 만델라의 진실성을 지키는 행동은 정직한 남아공과 정직한 세계를, 나아가 정직한 미래를 지키는 행동이다.

비냐방가 와이나이나
Binyavanga Wainaina

케냐 출신의 작가로 2002년 케인 아프리카 문예상을 수상하며 문단에 등장한 뒤, 왕성한 창작활동을 펼치고 있다. 아프리카 작가들이 작품활동을 활발하게 할 수 있는 자리를 마련하기 위해 문예지를 창간하여 현재까지 이끌고 있다.

한 잡지에 기고한 「아프리카에 관해 글 쓰는 법」에서 아프리카와 관련된 글을 쓰는 이방인들의 고정관념과 선입견을 신랄하게 풍자했다.

그들은 아프리카의 빛을 언급하지 않으면 독자들이 금세 책장을 덮어버릴 것 같아 두려운 모양이다. 특히 아프리카의 석양이 묘사되지 않은 작품은 찾아보기 힘들다. 아프리카의 드넓은 하늘, 물론 좋다. 그 하늘을 물들인 시뻘건 노을, 말 그대로 장관이다. 그래서 소설 속의 아프리카 풍경은 대개 황혼 무렵이다.

가도 가도 끝없는 텅 빈 대지와 사냥감들도 절대 빼먹지 않는 배경이다. 덕분에 아프리카는 '인적 없는 광활한 공간들의 땅'이 되었다. 멸종 위기에 처한 아프리카의 동식물도 단골 주제다. 그 이야기 끝에는 아프리카의 인구과잉도 반드시 지적한다. 흑인들 수는 줄이고 동식물 수는 늘리자는 고견들인 셈이다.

그리고 늘 등장하는 나이트클럽 같은 곳은 흉악한 용병들, 사악한 흑인 졸부들, 창녀들, 인터폴의 수배범들로 득실거리게 묘사되어 있다. 작품의 마지막에는 만델라가 꼭 등장한다. 무지개와 르네상스를 주창하는 검은 대륙의 위대한 지도자였던 그 양반을 빠뜨리면 독자들이 다 읽은 책을 내던질 거라고 생각하는 모양이다.

2013년 4월에는 마돈나에게 보내는 글을 영국 잡지 《가디언》에 기고했다. 그 세계적인 스타가 아프리카에서 벌이는 구호활동의 '허상'을 조롱하는 내용이었다.

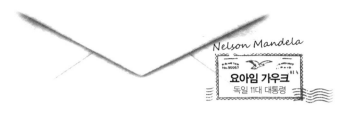

용서와 화해의 조건

'넬슨 만델라'.

나는 그 이름을 베를린 장벽이 무너지기 오래전부터 알고 있었다. 당시 동독 출신 목사였던 나는 동료들과 남아공의 반아파르트헤이트 운동에 대해 관심이 많았다. 유럽 사람들이 남아공의 실상을 알아야 한다는 생각에 반아파르트헤이트 관련 인사들을 유럽으로 초청해서 순회강연회를 열기도 했다. 부당한 체제, 즉 공산주의를 반대했기 때문에 투쟁대상을 알리고 만델라와 그의 동료들을 돕는 일에 나름대로 최선을 다했다고 생각한다.

만델라는 남아공을 새롭게 만들기 위해 '용서'와 '화해'를 초석

礎石으로 삼았다. '용서'는 대부분 개인들 간의 문제나 신과 인간 사이의 문제와 관련이 있다. '화해'도 마찬가지다. 그래서 국가적인 차원에서, 통치행위와 연관된 '용서'와 '화해'가 일어나는 경우가 극히 드물며 정의를 내리기 아주 어렵다. 하지만 모든 구성원이 평화롭게 살 수 있는 환경을 만드는 것이 국가의 의무이므로 '용서'와 '화해'는 반드시 이뤄져야 한다. 이 과정에서 '잘못을 저지른 사람들의 마음가짐'이 중요하다. 혹시 귄터 샤보브스키를 아는 사람이 있으면 손을 들어보라.

그는 독일이 통일되기 전, 공산주의 동독의 정치국 고위인사로 오랫동안 무소불위의 권력을 누렸던 사람이었다. 그러면서도 아이러니하게 베를린 장벽이 무너지는 데 결정적 기여를 하기도 했다. 하지만 통일 독일의 법정은 그에게 공산체제 때 자행한 범죄들의 책임을 물어 유죄 판결을 내렸다. 당시 그와 함께 법정에 섰던 옛 동독의 권력자들은 "승자의 정의는 진정한 정의가 아니다"라며 항변했다. 반면 귄터 샤보브스키는 독일의 통일에 기여한 자신의 공로를 내세우기는커녕 죄를 인정하고 그 판결에 승복했다.

나는 공식 석상에서 그를 '친구'라고 부른 적이 있다. 실제로 친구는 아니었지만 그의 뉘우침이 친구로 느끼게 만든 것이다.

내게 고통을 준 사람들을 용서할 수 있다. 앞으로 함께 살아가야 할 미래를 위해 화해도 할 수 있다. 단, 그 전에 고통을 준 사람들이 뉘우쳐야 한다. 죄를 인정하고 진심으로 사과해야 한다. 그 과정이 없다면 어떤 용서와 화해로도 영원한 평화를 이룰 수 없다.

2차 대전이 끝난 뒤, 나치체제의 주역들을 비롯한 많은 독일 국민이 일종의 정신적 보호막을 펼쳤다. 과거에 저지른 만행을 결코 입에 담지 않으려고 했다. 그 침묵은 꼬박 한 세대 동안 지속되었고 그다음 세대들이 사회의 주역이 되어서야 추악했던 과거의 범죄 사실들이 낱낱이 밝혀졌다. 나는 그제야 비로소 진정한 용서와 화해의 과정도 시작되었다고 생각한다. 죄를 지은 자들의 진솔한 뉘우침 없이는 용서와 화해의 길은 그렇듯 멀기만 하다. 여기서 잠깐, 내 개인적인 경험을 말하겠다.

나는 목사이면서 1990년부터 2000년까지 연방감사위원이었다. 옛 동독의 비밀경찰국과 관련된 문서관리업무를 담당했다. 만행을 수없이 저지른 집단이어서 피해자도 많았고 그에 따라 내 업무도 정신이 없었다. 서류로 피해사실을 증명받기 원하는 피해 당사자, 사랑하는 사람이 당했던 끔찍한 일들을 확인하고 싶어 하는 가족이나 친지들, 법정에 제출할 기록이 필요한 공무원, 보도자료가 필요한 기자 등 다양한 민원인의 발길이 끊이질 않았다.

그러던 어느 날, 교회의 한 신자가 만나자고 연락이 왔다. 하지만 너무 바빠서 거절했는데도 계속 부탁하는 바람에 하는 수 없이 사무실에서 만나기로 했다. 만나기로 한 날, 그 신자는 나를 보자마자 이렇게 말했다.

"꼭 해야 할 이야기가 있어서 만나자고 했습니다. 이미 제 파일을 읽으셨을 테니 제가 어떤 사람인지 잘 아시겠지요."

"아니오. 내 친구이기에 당신을 알고 있을 뿐입니다. 당신의 파일을 읽은 적이 없습니다."

"그렇습니까? 사실 저는 프락치(신분을 속이고 몰래 활동하는 첩자)였습니다. 동독 비밀경찰의 개였지요. 그동안 그들에게 목사님의 정보를 알려줬습니다. … 정말 죄송합니다."

"어떤 정보를 알려줬습니까?"

"교회에서 설교하신 내용이었습니다. 예를 들어 현 시국은 흑사병이 돌던 중세의 상황과 비슷하다는 이야기, 사상통제와 인권유린 같은 이야기들 전부요."

"그게 어때서요? 많은 사람 앞에서 했던 이야기인데 굳이 정보라고 할 것도 없잖습니까?"

"목사님이 하는 이야기는 모두 보고하라는 지령을 받아서 그렇게 했습니다. 하지만 시간이 지나면서 이건 못할 짓이라는 생각이 들었습니다. 그래서 개 노릇을 그만뒀습니다."

"당신은 그동안 사랑, 돈, 건강 등 어떤 문제든지 내게 털어놓고 상의했던 사람입니다. 그런데 이 문제는 왜 감춰두고 있었나요?"

"목사님께서 화를 내거나 실망하실 게 두려웠습니다. 너무나 부끄럽기도 했고요."

그 말을 끝으로, 그는 눈물을 흘렸다. 그 진정한 참회의 눈물을
흘리는 순간, 그때까지 자신을 괴롭혔던 두려움과 수치심에서 벗
어났을 것이라고 확신했다. 사실 그가 아니었어도 누군가는 프락
치 노릇을 했을 것이다. 그나마 내가 해서 이 정도지 다른 사람이
했으면 더 끔찍했다는 식으로 변명할 수 있는 상황이었지만 그는
솔직하게 자신의 잘못을 고백하고 용서를 청했다. 그러자 내 머리
보다 내 손이 그의 용서를 먼저 받아들였다. 들먹이는 그의 어깨
를 나도 모르게 감싸 안았으니까 말이다. 이처럼 자신의 잘못을
인정하고 진심으로 사과하는 사람에게는 당연히 용서와 화해의
길이 열릴 것이다.

요즘 정의를 요구하는 목소리가 높아지면서 독재자 같은 범법자
들을 어떻게 해야 하냐고 묻는 사람이 많다.

범죄행위가 반드시 법의 심판을 받아야 하는 이유는 두 가지다.
첫 번째, 법이 그렇게 정했기 때문이다. 법으로 다뤄져야 하며 응
분의 처벌이 가해져야 한다. 두 번째, 피해자들의 요구가 있기 때
문이다. 피해자들은 정의를 원한다. 아울러 사회적 정의는 자격을
갖춘 법관이 주재하는 재판 절차에 따라 구현되어야 한다. 이러한
것이 민주사회의 기본 원칙이 아닌가.

하지만 체제가 바뀌는 과정에서 법적 심판이 생략되는 경우가 있다. 스페인이 대표적이었다.

스페인 독재자였던 프랑코 정권이 무너지고 민주정권으로 이양되면서 과거를 추궁하지 않겠다는 합의가 이뤄졌다. 또 다른 내전을 피하기 위한 불가피한 선택이었지만 결국 전면적인 사면이 이뤄졌고 피해자들은 분노했다. 그러한 사면으로는 진정한 화해를 이끌어낼 수 없다는 역사적 증거라고 볼 수 있다. 전면적인 사면은 내전의 위협이 극에 달한 경우에만 사용할 수 있는 수단일 뿐이다.

나는 진실과 화해 위원회가 한창 활동하던 시기에 남아공을 방문한 적이 있다. 당시 투투 대주교에게 독일의 과거사 청산과정에 대한 견해를 물었다. 그는 "만일 우리가 독일식 과정을 차용했다면 남아공은 잿더미로 변했을 겁니다"라고 답했다. 그의 대답이 바로 남아공 신체제 주역들이 사면을 선택한 이유일 것이다.

나는 그때의 결정을 충분히 이해한다. 만일 내가 남아공의 국회의원이었다면 그때의 결정을 지지했을 것이다. 남아공에서 이뤄진 전폭적인 사면은 과거사를 무조건 덮으려는 시도가 아니었다. 신체제 주역들은 그 과정에 국민 모두를 초대하면서 복수 대신 용서를 선택한 것이다. 그래서 나는 남아공의 국민들이 더욱 존경스럽다.

"압제자도 과거로부터 자유로워져야 한다. 그들이 품었던 증오심을 털어버리는 것이 곧 그들이 자유를 얻는 길이다."

만델라의 그 말은 온몸에 전율이 느껴질 만큼 감동적이었다. 그렇게 그 모든 과정을 거치는 동안 남아공 사회의 모든 문은 압제자들을 위해 활짝 열어졌다. 압제자들도 자신들의 선택에 의해 얼마든지 신체제의 일원으로 살아갈 수 있는 기회를 얻은 것이다. 그런 감동적인 상황을 지켜보면서 '자유'는 진실을 고백할 용기를 지닌 사람들이 가질 수 있는 진리라고 새삼 깨닫게 되었다.

우리가 모두 알다시피 완벽한 사회란 존재하지 않는다. 또한 구성원 모두가 절대적으로 만족하며 사는 사회는 결코 이뤄질 수 없다. 세계의 민주사회들은 모두 완벽한 상태로 가기 위한 노정에 자리하고 있다. 물론 그 노정은 영원히 끝나지 않을 것이다. 남아공 역시 그 노정에 동참했다. 부당한 체제는 이미 무너졌지만 불의가 지배했던 과거의 기억은 앞으로도 오랫동안 남아공 국민들의 기억 속에 남아 있을 것이다. 이러한 때일수록 훌륭한 인품과 정치적 안목을 겸비한 인재들의 역할이 절실하다. 시인이 정치가보다 더 큰 기여를 할 수 있다는 주장도 있지만 지금 우리에게는 둘 모두 필요한 상황이다. 상처 입은 감정만이 아니라 현실적인 손실도 복구되어야 하니 말이다.

요아임 가우크 *Joachim Gauck*

독일의 11대 대통령이다. 부친이 사상 검열에 걸려 4년
동안 시베리아 수용소에 복역하면서 반동분자反動分子의 가
족으로 낙인이 찍히게 된다. 이후 수십 년 동안 동독 비밀
경찰의 감시대상이 되었지만 부당한 체제에 대한 그의 투
쟁의지를 꺾을 수는 없었다.

결국 옛 동독의 작은 마을에서 목회를 하다가 부당한 체
제에 맞서 일어나 인권운동가라는 가시밭길을 수십 년간
올곧게 걸었으며 그 결과, 세계 최강국 가운데 한 나라의
수장이 된 인물로 유명하다. 독일이 통일된 후에는 연방감
사위원이 되어 옛 동독 비밀경찰의 기록보관소를 조사해
그들의 활동 규모를 낱낱이 밝혔고 그 공로를 인정받아 독
일연방 공로훈장과 한나 아렌트 상을 받았다.

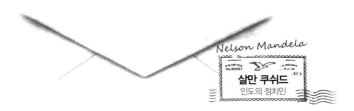

만델라가 남긴 메시지는 영원하다

세상에서 중요한 이벤트가 일어날 때마다 직접 가지 못하면 마음만은 그 현장에 참석한 것처럼 살아왔다. 오바마가 미국 대통령이 되었을 때에도 미국 사회에 굳건히 자리 잡고 있던 인종차별의 장벽이 무너지는 그 역사적인 순간에 동참하고 있다는 기분을 느꼈다. 만델라가 자유의 몸이 되어 다시 세상 밖으로 나서던 그날, 드디어 실현된 인간의 고귀한 염원을 한마음으로 축하해줬다. 그 자리에 있지 않는 간접적인 체험이었지만 그 순간 느낀 전율은 매우 강했다. 영화 〈우리가 꿈꾸는 기적: 인빅터스〉를 관람하면서 다시 한 번 전율을 느꼈다. 만델라의 자서전을 읽으면서도 마찬가지였다. 심지어 그가 방문할 때마다, 관련된 기사를 읽을 때마다 그 전율은 생생히 되살아났다. 만델라의 숭고한 투쟁 덕분에 여러 부분에서 발전된 시대에 살고 있다는 것이 정말 뿌듯했다.

당시 인도의 국무장관이었던 나는 만델라가 아프리카민족회의 리더였을 때 처음 만났다. 처음 대면한 순간, 엄청난 아우라뿐만 아니라 동시에 따뜻함까지 느꼈다. 정말 상대방을 편안하게 만드는 마법적인 힘을 지닌 인물이었다. 말로 표현하자면 최고의 스승, 아버지, 할아버지, 친구, 철학자가 한 몸에 깃들어 있는 사람이라고 할까? 만델라는 비범함과 겸손함을 동시에 지니고 있는 인물이다.

처음 만난 날, 우리는 어느 저명한 인사의 자택에서 저녁식사를 하기로 되어 있었다. 만델라는 바쁜 일정을 이유로 우리의 초대를 정중하게 거절했다. 그런데 디저트가 나올 무렵 만델라가 그 자리에 나타난 것이 아닌가. 자리에 앉은 만델라는 자신의 지난 이야기를 들려줬다.

자리가 마무리될 무렵 그는 양해를 구한 뒤 먼저 일어났다. 그런데 그는 문이 아닌 주방으로 향했다. 주방에 들어간 그는 일하던 사람들과 일일이 악수를 나눴다. 주방에서 일한 사람들에게 매우 가슴 벅찬 기억이 되었을 것이다. 단순히 유명인사와 악수를 나눠서가 아니라 커튼 뒤에서 남의 식사를 챙기는 역할을 진심으로 감사해 하는 사람을 만났기 때문이다.

오랜 세월이 흐른 뒤 인도에서 만델라를 다시 만났다. 국빈 자격으로 인도를 방문한 그는 어린 아이들과 함께 춤을 췄다. 그런 그의 모습을 보면서 한 나라의 지도자로서 가장 바람직한 롤 모델이라고 생각했다. 빈곤, 차별, 질병과 싸워야 하는 나라, 젊은 세대들이 부모들보다는 나은 삶을 꿈꾸는 나라의 리더들이라면 반드시 본받아야 할 표상이었다. 내가 지금껏 만나본 어떤 지도자보다 더 인간적인 인물이었다. 단지 만델라가 공직에 오래 머물지 못했던 현실이 너무나 안타까웠다.

사람들 대부분은 박애, 용서 등의 미덕을 헌신적인 성직자라면 몰라도 정치인들에게서는 결코 찾을 수 없다고 생각한다. 하지만 만델라는 그런 미덕을 지닌 정치인이다. 그를 조금이라도 아는 사람이라면 그 미덕이 허식이나 개인적 성품이 아닌 그의 인생철학이라고 인정할 것이다. 좀 더 구체적으로 말하자면 자유에 대한 그의 철학이다. 화해와 용서 없이는 진정한 자유를 구가하기 힘들다는 그의 굳건한 신념이라고 볼 수 있다.

만델라의 인생철학은 간디가 평생을 통해 인류에게 전달한 메시지와 많이 닮았다. 진실에서 벗어나지 않는 자세로 모든 일을 해나가면 불완전한 현실이라도 수용하고 화해할 수 있으며 나아가 평화와 자유를 누릴 것이라는 간디의 메시지를 우리는 만델라의 인생철학을 통해 다시 한 번 절실히 느끼게 된다. 결코 쉽지 않은 일이지만 최소한 후손들에게 좀 더 나은 세상을 물려줄 수 있다는 미래지향적 메시지이자 철학이다.

요즘 만델라의 용서에 대해 다양한 의견이 나오고 있다. 무력을 사용해서 민중을 탄압한 자들을 용서할 수 있는가? 나와 내 가족들의 삶, 내 동포들의 삶을 짓밟은 자들을 용서할 수 있는가? 가혹 행위를 서슴지 않으며 우리를 공포 속에 몰아넣었던 자들을 용서할 수 있는가?

인간의 본성, 인생의 의미, 신의 존재, 신성한 미덕처럼 용서도 그 범위에 대해 의견이 분분하다. 철학자들과 사상가들은 그런 문제들을 끝없이 거론하고 있다. 하지만 단어적인 정의 없이도, 직접 실천하지는 못해도 살다보면 느낌으로 이해가 되기도 한다. 간디, 만델라도 그렇게 느낌으로 진정한 의의를 깨달을 수 있다. 그 메시지는 지고한 소원인 동시에 많은 것을 의미한다. 우리가 그 소원을 이해하고 그 메시지를 따라 산다면 세상의 문제들이 많이 해결되는 동시에 삶은 더욱 풍요로워질 것이다. 간디, 만델라 같은 위인이 없었다면 우리 삶은 지금보다 훨씬 더 황폐해지지 않았을까?

만델라가 21세기 세계에 미친 영향력은 크지만 그래도 충분하지 않았다. 세기가 바뀐 지 고작 10여 년에 불과하지만 이미 세계는 갈등과 분쟁으로 짙게 얼룩져 있다. 냉전의 종식을 기뻐하며 품었던 새로운 세계의 희망은 전혀 새로운 문제들에 의해 무참히 꺾였다. 냉전시대는 이전에 이미 막을 내렸지만 국제정세에서 우위를 점하려는 각국의 다툼은 더욱 극렬한 양상을 보이고 있다. 오늘날의 세계는 혼돈 그 자체가 되어 버렸다. 지난 세기부터 그토록 바라던 평화를 지금도 찾아볼 수 없다.

만델라는 탁월한 리더십을 지닌 지도자이며 그의 소원은 남아공을 포함한 전 세계의 평화이다. 하지만 그의 메시지는 충분한 반향을 불러일으키지 못하고 있다. 거시적인 안목으로 만델라가 이끌었던 대열에 동참하는 지도자를 유감스럽게도 현재 찾아보기 거의 힘들다. 그의 메시지에 감탄하지만 따라 나서는 사람은 너무나 적다. 아프리카만이 아니라 전 세계를 위해 그가 제시한 롤 모델을 적절히 활용하지 못하고 있다. 인류에게 크나큰 손실이 아닐 수 없다.

그나마 만델라의 메시지가 지금 완전히 끝나지 않았다는 사실은 정말 다행이다. 만델라가 평생을 고스란히 바쳐가며 이루려던 지고한 소원은 그의 사후에도 오랫동안 살아남아 사람들의 삶에 계속 긍정적인 영향을 끼칠 것이 분명하다. 10년 뒤에 안 된다면 다시 10년, 그래도 안 된다면 100년 뒤에라도 그의 메시지는 세상에 널리 퍼질 것이다. 최소한 자유를 위한 투쟁대열에 참여한 사람들에게 만델라는 아프리카의 얼굴이자 롤 모델이다.

내가 안타깝게 생각하는 것은 만델라의 위대한 유산을 올바르게 활용하지 못하고 있는 현실이다. 여전히 세상에는 폭력과 범죄가 난무하고 있다. 증오로 인한 범죄, 개인이나 특정 집단의 사욕을 위한 폭동과 소요, 그리고 폭력을 위한 폭력에만 호소하는 테러리즘이 늘 평화를 위협하고 있다.

인도 국민들은 간디만큼 만델라도 존경하고 있다. 그런 나라라면 마땅히 자유롭고 평화로워야 하는데 현실은 그렇지 않다. 인도 정치인의 한 사람으로서 유감스러울 뿐이다. 하지만 간디와 만델라의 유산을 기억하고 있으므로 지금은 작은 불씨에 불과한 그분들의 소원이 언젠가는 큰 불길이 되어 세상에 번질 것이다. 그러므로 우리는 더 나은 미래에 대한 희망을 끝까지 간직하며 살아야 한다.

살만 쿠쉬드 *Salman Khurshid*

인도에서 30년이 넘는 세월 동안 정치계에서 활약한 정치인이다. 현재는 외무부 장관으로서 세계 곳곳을 순방하고 있다.

2002년 인도 정부가 해산 명령을 내린 '인도 이슬람 학생 운동'의 변호를 "양심상 법조인 윤리에 위배되는 경우에만 의뢰를 거절한다. 변호사는 피고인을 위해 법정에 나서야 한다. 헌법이 규정하고 있는 나의 의무이기 때문이다"라고 말하면서 자청했다. 2013년 인도와 파키스탄 간의 충돌 때문에 항상 긴장감이 감돌았지만 당당하게 청중들 앞에서 만델라의 자서전을 읽으라고 외쳤다.

"용서가 무엇인지, 투쟁이 무엇인지, 절망 속에서도 오롯이 키워내는 희망이 무엇인지 여러분은 이 책을 통해 이해할 수 있습니다."

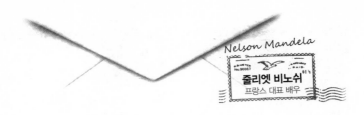

진정한 자유

만델라를 생각하면 '사랑'이라는 단어가 가장 먼저 떠오른다. 그
'사랑'은 삶과 희망에 대한 사랑, 현실에 대한 사랑 등으로 다양하
게 표현될 수 있다. 또한 그를 생각할 때마다 그의 손이 떠오른다.
나는 그의 손이 담긴 사진을 갖고 있다. 손바닥 가운데 아프리카
지도가 그려져 있는 사진이다. 물론 편집과정을 거친 것이지만 볼
때마다 가슴이 뭉클하다. 만델라 손바닥의 아프리카는 녹색으로
칠해져 있다. 개인적으로 희망을 의미하는 녹색을 좋아한다.

이렇게 만델라를 좋아하는 이유는 그가 진정한 자유를 내면에
갖고 있기 때문이다. 내가 믿는 유일한 자유는 내면의 자유이다.
그것 말고는 어떤 형태의 자유도 영속되지 않는다고 생각한다. 내

면이 자유로워야 진정한 자유인 것이다.

어떤 압제에도 굴하지 않고 자신의 길을 나아가기 위해서는 가슴속에 얽혀있는 모든 사슬을 끊어야 한다. 만델라의 미소가 그토록 아름다운 이유는 바로 그가 진정한 자유인이기 때문이다. 27년이라는 긴 시간 동안 감옥에 갇혀 있었던 사람이다. 그 고난의 시간 동안 자신의 가슴속으로 들어가 내면의 자유를 억누르고 있던 모든 사슬을 끊어내고 그 속에 있던 무언가를 찾아냈다. 처음부터 그의 것이었지만 예전에는 인식하지 못했던 아주 소중한 가치를 새삼 깨달았던 것이다. 남성과 여성, 그리고 인종 간의 불평등과 갈등이 해소된 상황에서 우리는 자유를 느낄 수 있다.

아파르트헤이트 정권은 가족과 사회, 세상으로부터 만델라를 격리시켰지만 영혼까지 가둘 수는 없었다. 그의 사랑은 자신을 구속하고 있던 내면의 사슬들을 모조리 끊어냈고, 그로 인해 한없이 자유로워진 그의 영혼은 압제자들이 감히 생각할 수 없는 차원으로 날아올랐다. 결국 그들은 만델라에게 세상을 위한 메시지를 준비할 수 있는 기회를 준 셈이었고 만델라는 그 기회를 민중의 자유를 위해 사용했다. 그 덕분에 세상은 좀 더 살기 좋은 곳이 되었다.

줄리엣 비노쉬 *Juliette Binoche*

프랑스의 대표 배우. 1985년 〈랑데부〉에 출연하면서 일약 프랑스 영화계의 신성新星으로 떠올랐다. 이후 20여 년 동안 40편이 넘는 영화에 출연하였고 국제적 권위의 각종 영화제에서 수상하는 영예를 안았다. 대표작으로는 〈퐁네프의 연인들〉, 〈나쁜 피〉, 〈잉글리시 페이션트〉 등이 있다. 영화뿐만 아니라 연극 무대에도 자주 올랐으며 국제인권운동에도 공헌을 많이 했다.

아파르트헤이트 종식 후 남아공의 현실을 다룬 영화 〈인 마이 컨트리〉를 촬영하면서 남아공에 오랫동안 머무르게 되었는데 그때 만델라에게 깊은 감명을 받았다. 한 잡지와의 인터뷰에서 가장 존경하는 사람으로 만델라를 꼽기도 했다.

역사의 아이러니

만델라의 모습을 떠올릴 때마다 그가 마치 나를 위해 존재하고 있다는 생각이 든다. 그와 관련된 신문기사는 보이는 대로 다 읽었으며 텔레비전에 그가 나오면 다른 일은 모두 미뤄두고 텔레비전 앞에 앉았다. 그를 보고 있으면 선하게 살아야겠다는 생각이 벅차게 솟아오르는 걸 느낀다. 웃음을 머금은 얼굴, 리듬을 타는 말투 등 그의 모습은 온화함과 평화, 그 자체다. 하지만 가끔씩은 그의 가슴속으로 들어가 내면도 겉모습과 같은지 확인하고 싶은 마음이 들곤 한다.

나는 만델라가 살아 있었을 때 그의 이미지를 이용하려는 (부와 권력과 명예를 거머쥔) 특권층 인사들이 너무 싫었다. 그 인사들은

세계 각국에서 몰려와 만델라와 어깨를 나란히 하고 카메라 앞에
선다. 정말 마음에 들지 않는 장면이었다. 그 만델라는 만델라의
본모습이 아니다. 연예인이나 정·재계 거물들 옆에서 여전히 온화
한 웃음을 하고 있는 만델라를 볼 때마다 이용당하고 있는 것 같
아 울화가 치밀어 올랐다.

돈, 힘, 인기 등 모든 세속적인 가치들을 독점하고 있는 그들이
불원천리不遠千里(천 리 길도 멀다 하지 않는다. 즉 먼 길이어도 개의치
않고 열심히 달려간다는 말)하고 만델라를 찾는 이유를 도무지 모르
겠고 그런 그들의 수작을 이해할 수가 없다. 자신들이 더 나은 사
람이 된 것 같은 기분에 도취되고 싶어서일까? 정말 모르겠다. 하
지만 순수한 동기의 행동이 아니라는 것만은 분명하게 안다. 그래
서 화가 나는 것이다. 그들이 만델라와 회동하는 자리에 늘 빠지
지 않는 것이 '위 아 더 월드We Are the World' 같은 노래다. 그것도
마음에 들지 않는다.

솔직히 말해서 그들 가운데 만델라의 지난한 투쟁의 결실을 함
께 누릴 자격이 있는 사람은 거의 없다. 그의 수고로운 여정을 내
내 외면하고 있다가 모든 게 마무리된 지금에서야 함께 축배를 들
려고 하다니…. 그들 모두 과시적인 모략가일 뿐이다. 남아공으로
만델라를 찾아가 함께 콘서트를 관람하거나 민속촌을 거닐면서
수십 장씩 사진을 찍고 만델라의 친구 명단에 이름을 올리는 게

그들의 목적이다. 그다음에는 만델라의 친구라는 명함을 들고 워싱턴으로 날아가 대통령 등 정치인에게 청탁을 한다.

역사의 수레바퀴는 만델라가 석방된 시점에서 멈춘 게 아니다. 그가 대통령이 된 시점에서도, 공직에서 물러난 시점에서도 멈추지 않았다. 남아공은 현재까지도 해결해야 할 문제가 산적한 나라다. 따라서 만델라의 생일을 호들갑스럽게 축하하는 모습이 전혀 이해되지 않는다.

아파르트헤이트 체제는 이미 오래전에 붕괴됐지만 국민들의 삶은 별로 나아진 게 없다. 특히 서민들의 처절한 생활고는 눈으로 보면서도 믿기지 않을 정도다. 남아공만이 아니라 독재정권에서 벗어난 다른 여러 나라의 상황도 거의 마찬가지다. 여기서 반드시 짚고 넘어갈 문제는 아파르트헤이트 체제든, 여느 독재체제든 그 체제에서 꿈같은 나날들을 보낸 특권층이 반드시 있는데 희한하게 그 특권층은 체제가 사라진 이후에도 여전히 잘 살고 있다는 것이다. 물론 부의 재분배가 작게나마 이뤄지고 극빈자들의 판자촌 일부에 개량주택이 들어서는 수준의 개혁은 일어났다. 하지만 전체적인 판도는 여전히 변화가 없다.

오늘날의 팔레스타인을 보면 부패와 비리가 여전히 횡행하고 있다. 아랍의 봄 이후 중동국가들도 마찬가지다. 잠시 후퇴했던 옛 체제의 특권층이 다시 제멋대로 권세를 부리고 있지 않은가. 그밖에 식민통치에서 해방된 나라들의 양상도 별반 차이가 없다.

늘 승자인 사람들이 있다. 독재자가 있을 때도, 독재자가 없을 때도 승자다. 어떻게 그럴 수 있는지 나로서는 신기할 뿐이다. 모든 체제를 조종하는 배후여서 그럴까? 정보력을 장악하고 있기 때문일까? 아니면 권력 자체가 영속성을 지니고 있기 때문일까? 내 상식의 범위를 벗어난 영역의 문제이니 나로서는 도무지 알 수 없는 일이다. 뭔가 새로운 행동이 필요할 때라고 생각할 뿐이다.

엘리아 술레이만 Elia Suleiman

팔레스타인 출신의 영화감독이자 배우. 대표작으로는 칸 영화제 심사위원상 수상의 영예를 안겨준 〈신의 간섭〉이 있다. 현재 세계 유수한 대학교에서 강연을 통해 후학을 양성하고 있다.

팔레스타인 국민들의 고난에 관한 자신의 연대기적 작품들을 보면 전 세계에 두루 적용되는 보편성이 있다고 설명한다. 실제로 그의 염원이 담긴 영화, 다큐멘터리 등 영상 작품들은 사람들이 화해의 지난한 과정을 이해하는 데 상당한 도움이 되고 있다.

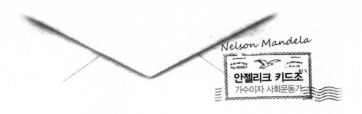

안젤리크 키드조
가수이자 사회운동가
Nelson Mandela

용서의 힘

나는 열다섯 살이 되던 1977년에 처음으로 만델라에 대해 들었다. 그것도 어른들을 통해서였다. 당시 내가 살던 베냉(공화국)에는 텔레비전이 널리 보급되지 않았기 때문이다. 만델라의 이야기를 들으면서 상당한 충격을 받았고 끝내 화가 나서 미칠 것 같았다. 몇 시간 동안 엉엉 울다가 방으로 들어가서 노래를 만들었다. 제목은 '그날이 온다'였다. 핍박하는 자도, 핍박받는 자도 없는 세상이 반드시 올 거라는 내용의 가사였는데 지금 생각해도 표현이 상당히 거칠었다. 그걸 들으신 아버지가 나를 타이르셨다.

"네가 지금 어떤 기분인지는 잘 안다. 하지만 어떤 음악이든 그 바탕에 증오가 깔려 있어서는 안 돼. 음악을 사랑하는 사람이라면

이 세상의 모든 문제를 평화롭게 해결할 수 있는 방법을 추구해야
만 한다. 어떤 식의 폭력이든 내 집에서는 절대 안 된다. 마음을
가라앉힌 다음, 다시 곡을 쓰거라."

나는 아버지의 말씀에 따랐지만 합창으로 처리한 '핍박하는 자
와 핍박받는 자가 없는 세상, 다른 이를 억압하는 자는 곧 자신을
억압하는 것임을 우리 모두 깨닫게 되는 날, 자유와 평화의 노래
가 온 세상에 메아리치리니'라는 부분은 그대로 남겨됐다.

그때부터 나와 아파르트헤이트 체제의 아름답지 못한 인연이 시
작되었다. 나는 아파르트헤이트 체제가 종식되지 않는다면 결코
남아공 땅을 밟지 않겠다고 결심했다. 그 이후 1996년 처음으로 남
아공을 방문했다. 그 방문 자체가 내게는 일종의 축하 파티였다.
마침내 자유를 구가하게 된 남아공의 시민들을 위해, 나아가 자유
를 위해 투쟁해온 다른 모든 지역의 투사들을 위해, 그리고 나 자
신을 위해 건배를 드는 의식과 같았다.

1980년대 초반 유럽으로 건너간 뒤 가수로 활동하는 내내 만델
라는 나와 함께 있었다고 할 수 있다. 콘서트 때마다 '만델라를 석
방하라'고 외쳤기 때문이다. 얼마나 소리를 질렀던지 번번이 목이
쉬었지만 상관없었다. 내 목소리, 그리고 나를 따라 합창하는 청
중들의 목소리가 무대 밖으로 퍼져나가 이 세상 모든 지도자의 귀
에 닿기만을 바랐다. 그게 음악의 힘이라고 생각했다. 그리고 우

115

리는 뜨겁게 이겼다.

나는 '용서의 힘'을 믿는다. 어린 시절에 한번 토라지면 웬만해서는 마음을 풀지 않는 옹졸한 성격이었다. 그런 나를 어머니는 간곡하게 타이르셨다.

"그럼 못 써. 인생은 너무나 짧단다. 분노를 머금고 살아가는 건 시간 낭비일 뿐이야. 더구나 마음속에 분노를 담아두면 다른 좋은 것들이 들어설 자리가 좁아지잖니. 너 자신한테 얼마나 큰 손해일지 생각해보렴. 그러니 늘 용서하며 살아야 해."

지금은 그 말씀이 옳다는 걸 분명히 깨닫고 있다. 용서하지 않으면 자신의 삶을 살아갈 수 없다. 분노로 가득 찬 가슴은 오히려 빈 가슴이다. 분노가 다른 모든 것을 갉아먹어 버리기 때문이다. 당신이 용서하지 않고 있는 상대방이 오히려 당신 삶의 주인이 된다. 온통 그 사람 생각뿐이니 당연한 결말이다.

용서 없이는 과거를 딛고 일어설 수 없다. 용서하지 않으면 새로운 삶을 살아갈 수 없다. 또한 자신에게 상처를 준 사람의 손을 잡을 수 없다. 당신이 용서하고 상대방의 손을 잡을 때, 그 사람도 남에게 상처를 주었던 자신의 과거를 비로소 뉘우치게 된다. 따라서 용서는 아름다움을 창조하는 행위다. 증오와 분노 속에서는 아름다움이 피어날 수 없다. 절대 그럴 수 없다. 현실적인 유익함도 크다. 일단 용서하고 나면 잠자리가 편해진다.

언젠가부터 나는 누군가에 대한 부정적인 생각을 갖게 되면 절대 잠자리에 들지 않았다. 사실 그러기에는 내 시간이 너무나 아까웠다. 누군가와 갈등이 생기면 상대방을 만나서 문제점에 대해 이야기하고 헤어진다. 그걸로 끝이다. 일단 내 생각과 심경을 말하고 난 다음에는 그만인 것이다. 더 이상 그 이야기를 꺼내지도 않는다. 나는 내 생각을 밝히지 못하면 정말 답답하다. 잘못된 걸 잘못됐다고 말하지 않고는 견디지 못하는 성격이라서 그런 것 같다.

우리가 누군가를 용서할 때, 상대방은 사과나 변명을 하면서 어떤 식으로든 갈등을 해소하려고 노력한다. 자신의 잘못을 우리에게 직접 고백하지는 않는다고 해도, 우리의 손을 잡지는 않는다고 해도 상대방 역시 과거를 딛고 일어날 수 있게 된다. 따라서 용서는 상대방에게 새로운 삶을 살아갈 기회를 준다. 그것이 만델라가 우리에게 전하는 용서에 관한 메시지다.

만델라는 늘 그렇듯 자신의 메시지를 몸소 실천에 옮겨 아파르트헤이트 체제의 주역들을 용서했고 동시에 국가와 국민을 위한 새로운 체제 건설에 동참할 수 있는 기회를 주었다.

'진정으로 국민을 생각한다면 그들이 미래에 대한 희망을 품고 살아갈 수 있는 여건을 마련해줘야 한다. 그 대의명분 앞에서 과

거의 원한과 갈등은 장애만 될 뿐이다. 따라서 용서는 공동의 유익을 위한 초석이다.'

그것이 '지도자 만델라'가 보여준 용서의 교훈이다. 이 세상 모든 지도자가 그의 교훈을 따라만 준다면 이 세상은 훨씬 더 살기 좋은 곳이 될 것이다. 하지만 유감스럽게도 만델라의 교훈을 실천하려는 지도자가 그다지 많지 않다. 이제 우리 민중들이 나서야 한다. 시위나 무력행사가 아니라 우리가 먼저 만델라의 교훈을 실천해야 한다는 말이다. (민중이 분한) 그 많은 만델라를 보면서 지도자들도 가슴속 앙금을 털어내고 전체의 유익을 위해 노력하게 될 것이라 믿는다. 그제야 비로소 수십 년 전 아프리카 한구석에서 열다섯 살 소녀가 노래했던 그날이 올 것이다.

민중은 늘 약자였다. 아니, 스스로 그렇다고 생각해왔다. 하지만 우리에게 만델라가 있고 음악도 있다. 나는 음악을 통해 그들에게 외친다.

"여러분은 약자가 아닙니다. 우리 모두에게는 이 세상을 바꿀 힘이 있습니다."

그렇다. 우리 한 사람, 한 사람이 하나의 세상이니까.

안젤리크 키드조 Angelique Kidjo

세계적인 싱어송라이터이자 사회운동가이다. 영국 방송 위원회가 선정한 '아프리카의 상징 인물 50인'에 이름이 오른 바 있다. 지난 수십 년 동안 5만 명 이상의 청중들을 모은 콘서트도 여러 차례 열었고 세계적인 스타들과 합동공연도 꾸준히 진행했으며 그래미상을 수상하기도 했다.

음악 활동뿐만 아니라 아프리카 여성들의 권리 신장을 위해 유니세프 친선대사, 하나의 아프리카를 지향하는 아프리카 유니언 평화 사절 등으로 있으면서 사회운동도 활발하게 하고 있다. 2010년 남아공월드컵 개막식에서 축가를 불렀다.

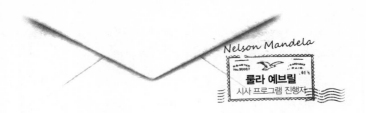

Nelson Mandela

룰라 예브릴
시사 프로그램 진행자

전쟁 대신 용서를

사회는 개인의 목소리에 귀 기울이는 체제, 모든 목소리가 자유롭게 오가는 체제여야 한다. 또한 모든 구성원이 참여해 인종과 종교, 그리고 수數의 많고 적음에 관계없이 각자의 목소리를 평화롭게 전달할 수 있는 체제가 곧 정의를 구현하는 사회라고 생각한다.

끔찍한 시련을 겪은 국민들일수록 쉽게 과거를 용서한다. 용서 없이는 전면적 내전을 피할 수 없다는 사실을 깊숙이 깨닫고 있기 때문이다. 자신들은 물론 후손들을 위해서도 결코 있어서는 안 될 참극을 피하기 위해 과거의 원한을 묻어버리고 옛 체제의 압제자들을 용서하는 것이다.

정의는 '눈에는 눈, 이에는 이' 같은 응징이 아니다. 살인한 자를 살인으로 다스리는 체제를 나는 정의롭다고 생각하지 않는다. 정의로운 사회는 인간의 권리, 여자의 권리, 사회적 약자의 권리가 보장되는 체제, 모든 구성원이 서로의 권익을 존중하는 계약이 맺어진 체제다. 정의는 법적 질서 속에서 구현되어야 한다. 법을 알고 지키기 위해서는 교육이 필요하다. 교육과 법적 질서, 정의는 그렇듯 불가분의 관계를 맺고 있다. 그 가치들이 선순환을 지속할 때 평화롭고 안락한 삶이 보장되는 것이다.

진실과 화해 위원회를 반대하는 사람들이 내게 '사랑하는 사람이 누군가의 손에 죽어도 그렇게 한가한 소리를 할 것인가?'라고 묻곤 한다.

사실 내 어머니는 강간을 당한 뒤 자살했다. 다섯 살이던 나는 바로 고아원으로 보내졌다. 10대 후반에 벌어진 1차 팔레스타인 시민 봉기에서는 많은 친구가 군인들이 쏜 총에 쓰러졌다. 거리마다 피가 개울을 이루고 흘렀다. 그 거리 어디에도 정의는 없었다. 내 어머니의 절규와 친구들의 비명을 들어주는 사람은 아무도 없었다. 그런 상황에서 내 마음이 어땠겠는가? 하지만 나는 총 대신 펜과 마이크를 잡았다. 압제의 현장에서는 아무도 들으려 하지 않는 이들의 목소리를 국제사회에 널리 알려 세계가 이 참상에 주목하고 나아가 해결책을 강구하게 만드는 것이 그들을 위한 정의라고 믿었다.

　전쟁은 절대 해결책이 될 수 없다. 평화적인 모든 수단을 동원해서 압제자나 부당한 체제를 압박하는 것이 최선이다. 남아공이 가장 좋은 사례다. 당시 이스라엘에 있는 팔레스타인들은 남아공 정국의 추이를 지켜보면서 큰 희망을 품을 수 있었다. 남아공의 백인들이 상대방, 즉 흑인들을 평등하게 대우하지 않고는 국가의 미래가 없다는 사실을 마침내 인정하는 순간 우리는 환호성을 질렀다. 그리고 흑인들이 백인들의 양보를 받아들이는 동시에 새로운 체제 안에 백인들이 설 자리를 마련해주는 순간 우리는 감탄했다. 만델라는 지난 시절 아파르트헤이트의 주역들이 가했던 모든 상처를 묻으면서 말했다.

　"당장에는 당신들의 경제적 기득권을 보장할 것이며 앞으로 들어설 새로운 체제를 당신들과 함께 운영할 것을 약속합니다. 또한 지난날의 잘못을 들어 당신들을 무리하게 추궁하지도 않을 것입니다. 다만 당신들도 과거의 범죄사실들을 인정하고 공개적으로 사과하십시오. 그리고 당신들이 지금껏 누려왔던 혜택들을 흑인 시민들과 기꺼이 나누십시오."

　팔레스타인들만이 아니라 세계의 모든 시민이 갈등을 해결하는 귀감으로써 남아공의 용서와 화해 과정을 지켜봤다. 지금도 아프가니스탄, 파키스탄, 이라크, 팔레스타인, 시리아 등에서는 갈등이 계속되고 있다. 남아공의 선례를 따르지 않고 있기 때문이다. 비극이 아닐 수 없다. 그러한 나라들이 살아나려면 사회 모든 구성원들, 심지어 다른 시민들을 살해한 집단들까지 참여하는 체제가 건설되어야 한다. 국민적 차원에서 용서가 이뤄지고 종교와 인종이 다른 구성원들을 적이 아니라 '동등한 시민'으로 바라보는 시각적, 심리적 전환이 필요하다. 그래야만 갈등의 악순환에서 벗어날 수 있다.

물론 자신 또는 가족을 죽이거나 공격한 사람들을 용서하는 행동은 도덕적 딜레마일 수 있다. 누군가에 의해 사랑하는 사람을 잃었을 때 복수를 다짐하는 건 인간의 본능이다. 하지만 더 큰 그림을 봐야 한다. 전시戰時나 그에 준하는 상황에서는 무고한 자와 그렇지 않은 자의 경계가 아주 모호해진다. 솔직히 말해서 아프리카민족회의만 해도 그렇다. 그들의 손에 무고한 사람들의 피가 묻지 않았다고 누가 장담하겠는가? 하지만 그들이 아파르트헤이트 체제를 무너뜨리고 남아공에 정의를 실현한 주역인 것만은 분명한 사실이다. 세상이 인정하는 정당한 투쟁이었다.

오늘날 이라크, 시리아, 이집트 등에서 정의를 위해 투쟁하는 목적은 아파르트헤이트 체제의 붕괴가 아니다. 자신들의 목소리를 들어주는 체제를 위해 싸우고 있다. 그 체제의 일부가 되려는, 그래서 함께 미래를 건설하려는 염원 속에서 많은 사람이 죽어가고 있다. 국민적 차원의 용서와 화해를 이룬 남아공의 교훈을 실천하지 않고 있기에 빚어지는 비극이다. 자신들은 물론 후손들을 위해 과거의 상처를 묻어두고 서로를 포용해야만 그 비극에 종지부를 찍을 수 있다. 과거의 범죄자들을 가차 없이 응징하게 되면 그 다음엔 오직 내전만이 기다리고 있을 뿐이다. 정의가 아니라 단지 졸렬한 행동일 뿐이다.

내게 큰 상처를 준 사람들을 응징하지 않는 행동은 결코 쉬운 결정이 아니다. 특히 새로운 체제의 주역들은 정의의 이름으로 과거의 복수를 단행하고 싶은 유혹에 이끌리기도 한다. 하지만 그 유혹을 극복하고 더 큰 구도에 대한 신념을 견지해야 한다. '더 큰 구도'란 후손들이 좀 더 풍요로운 삶을 누릴 수 있는 세상을 의미한다. 전쟁 없는 세상, 아파르트헤이트 없는 세상, 인종과 종교의 차별이 없는 세상 말이다.

오늘날 갈등을 겪고 있는 국가나 지역들은 남아공 같은 성공한 선례를 따르면 된다. 남아공이 진행했던 '용서와 화해의 과정'을 본보기 삼아 갈등을 해결하는 것이다. 내전을 피할 수 있는 길은 오직 이것뿐이다.

길고 처절한 내전 끝에 평화를 이룬 레바논도 또 다른 본보기다. 15년 동안 정의의 허울을 쓴 복수가 거듭되면서 레바논 국민들은 결국 모두가 피해자인 동시에 가해자라는 사실을 깨달았다. 그들은 후손들을 위해 그 악순환의 고리를 끊었다. 모든 집단이 국정에 참여하는 체제를 마련했는데 구체적으로 대통령은 기독교인, 수상은 수니파 무슬림, 국회의장은 시아파 무슬림이 각각 대대로 계승하는 공동운영체제를 수립하여 국민 대통합을 이룩하게 되었다.

팔레스타인과 이스라엘 간의 갈등이 현재도 계속되고 있다. 양측 모두 자유와 존엄 그리고 더 나은 삶을 꿈꿀 수 있는 권리가 있다. 대체 어느 쪽이 옳고 어느 쪽이 그른 걸까? 고통스러운 팔레스타인과 불안한 이스라엘은 각각 느끼는 그 고통과 불안을 해소하기 위해 수십 년 동안 피의 복수를 지속해왔다. 해결책은 단 하나뿐이다, 바로 '용서'.

무조건 과거를 잊으라는 이야기는 아니다. 미래를 생각해서, 후손들을 생각해서 지난 잘못을 서로 용서하자는 것이다.

얼마 전, 나는 이스라엘에 갔었다. 나와 같이 간 딸아이는 공항에서 심문에 가까운 심사를 받았다. 모욕적이었다. 그곳에 사는 여동생, 이스라엘에 거주하는 모든 팔레스타인은 비슷한 일을 매일 겪고 있다. 하지만 희망은 있다. 과거를 용서하고 후손을 위해 더 나은 세상을 만들려는 공동의 목표 아래 뭉친다면 얼마든지 기적의 희망이 일어날 수 있다. 흑인이 남아공의 대통령으로 선출

될 줄 누가 알았겠는가? 만델라와 같은 인물들이 체제를 변화시킬 수 있다는 신념을 잃지 않은 덕분에 가능했다. 물론 그 모든 기적에는 용서와 화합이라는 초석이 깔려 있다. 분노, 복수심, 불안 등 부정적인 감정은 민주주의의 걸림돌이다. 민주주의는 냉철한 이성에 기초한다. 국가와 후손을 위해 냉철한 판단을 내릴 수 있는 국가만이 민주주의를 누릴 수 있다.

우리는 후손들에게 정의가 구현된 세상을 물려줘야 한다. 우선 교육에 지금보다 더 많은 투자를 해야 하며 교육을 통해 우리 아이들에게 정의와 자유의 의미, 용서의 중요성을 가르쳐야 한다. 또한 용서 대신 전쟁을 선택하는 지도자들을 설득해야 하고 전쟁이 휩쓸고 간 폐허 속에서 복수의 씨앗은 더욱 무성해진다는 사실을 깨닫게 만들어야 한다. 현재 우리에게 필요한 것은 군인이 아니라 외교관이다. 인류의 결속을 위해 우리는 더 많은 투자를 해야 한다.

유럽을 여행하다가 현지인에게 출신이 어디인지를 물어보면 대부분 '유럽 사람이다'라고 대답한다. 정확한 국적은 그다음이다. 지금 우리에게는 바로 그 동족의식이 필요하다.

룰라 예브릴 *Rula Jabreel*

방송국 기자이자 소설가이다. 어머니가 자살한 뒤 고아원에서 지내다가 이탈리아의 볼로냐 대학교에 장학생으로 입학했다. 해외 취재를 주로 다녔으며 내국인과 외국인의 시각를 조율해서 방문한 국가의 상황을 제대로 분석하는 기자로 정평이 나 있다.

미국과 이탈리아의 여러 방송국을 거친 뒤 2008년 이집트의 한 방송국에서 자신의 이름을 내건 시사 프로그램을 진행하기도 했다.

유엔에서 사형제도의 합법성 여부를 논의하는 토론회가 열리자 중국, 미국, 이란의 사형집행 실태에 관련된 다큐멘터리를 직접 제작해 반대의견을 강력하게 피력한 열정적인 사회운동가이기도 하다.

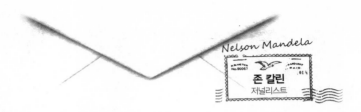

지도자라면 대의를 먼저 생각해야 한다

 감옥으로 들어가던 만델라와 감옥에서 나오던 만델라는 정치적인 관점에서 보자면 전혀 다른 사람이다.

 구금될 당시 만델라는 무장항쟁의 리더였다. 체포되기 전에는 아프리카민족회의 수뇌부 회의에 참석할 때마다 체 게바라 스타일의 위장복을 입었다. 전형적인 반反정부 게릴라 지도자의 모습이었다. 하지만 감옥에서 27년을 보내는 동안 지난 일들을 되짚어보면서 현실적으로 가능한 해결책을 모색하기 시작했다. 이내 무력에 의해서는 혁명사업을 완수할 수 없다는 결론에 이르면서 결국 만델라는 협상에 의한 혁명을 이뤄냈다. 남아공의 권력구도를 극적으로 변화시켰다. 그 과정에 총칼은 없었다.

만델라는 인류에게 평화를 일궈내는 가장 효과적인 방법을 찾아낸 위대한 인물로 역사에 기록될 것이다. 이제 무력에 호소하는 혁명의 시대는 막을 내렸다는 사실을 깨닫고 그 대안을 구상했으며 적의 목숨이 아닌 마음을 빼앗는 전략, 구체적으로 말하자면 평화로운 해결책을 찾는 것이 양측 모두에게 가장 바람직하다는 사실을 아파르트헤이트의 주역들에게 납득시키는 전략을 선택했다.

만델라는 과거의 그림자를 벗어나서 국가와 민족의 미래를 위해 매진하는 것이 최선의 선택이라는 사실을 깊숙이 이해하고 있었다. 당시 남아공은 얼마든지 피를 흘릴 수 있는 상황이었다. 압제에 시달리다 무기를 잡았으니 그러한 예측이 가능했다. 하지만 평범한 사람이 아닌 리더라면 그러한 상황을 넘어서서 국가의 미래를 위한 최선의 대안을 모색해야 한다. 만델라는 그렇게 했다. 과거의 범죄와 공포, 그리고 가혹행위의 기억에서 헤어 나오지 못하면 그런 끔찍한 상황이 언젠가는 반드시 재연된다는 사실을 오랜 시간의 명상을 통해 깨달았던 것이다.

만델라가 노벨 평화상을 수상할 때도 대의大義를 위해 힘든 결정을 했다. 아파르트헤이트 체제를 설계한 장본인이면서 그 체제의 요직을 두루 거친 뒤 대통령까지 지낸 프레데릭 데 클레르크와 공동 수상을 했기 때문이다. 매우 싫어하는 인물이었는데 같이 노벨

상을 받아야 하다니…. 개인적으로 불편하다 못해 울화가 치밀어오르는 상황이었지만 지금까지 수없이 그래 왔듯이 개인적인 복수심을 접었다. 나라를 위하는 일이라면 뭐든 할 수 있는 사람이었기에 가능한 일이었다. 만일 공동수상을 거부했다면 그 부정적인 여파는 엄청났을 것이다. 남아공의 모든 백인이 뺨을 얻어 맞은 것 같은 모멸감을 느꼈을 테니까. 당시는 백인들을 달래고 설득해서 평화로운 정권 교체를 도모하던 민감한 시기였다. 만일 만델라가 개인적인 감정 때문에 공동수상을 거부했다면 그때까지의 모든 수고가 수포로 돌아갔을 가능성이 매우 높았다.

만델라는 슈퍼맨이나 슈퍼 히어로가 아니다. 또 하나의 인간일 뿐이다. 하지만 다른 인간이 하지 못할 일을 묵묵히 해냈다. 바로 그 점 때문에 위대하다고 생각한다. 같은 인간이지만 세상을 긍정적으로 변화시킨 사실 때문에 그토록 많은 사람이 만델라를 추앙하고 있다고 본다.

여기서 만델라의 신화에 대해 잠시 살펴보자. 만델라가 감옥에서 보낸 기나긴 세월이 신화의 토대가 된 것은 분명하다. 그를 실제로 본 사람이 거의 없다는 사실도 그 신화가 완성되는 과정에 일조했다. 세상과 격리되어 있던 기간 동안 만델라는 자신도 모르는 사이 신화가 되었다. 그러나 석방된 직후부터 그 신화에 걸맞은 행보를 보였다.

나는 취재기자의 위치에서 그의 석방현장을 직접 지켜봤다. 당시 그의 신화가 허구로 판명이 날 수 있다며 걱정한 지지자가 많았다. 석방된 다음 날 아침, 투투 대주교의 자택에 마련된 기자회견 자리에서 만델라는 지지자들의 걱정을 기우로 만들었다. 세상에 다시 모습을 드러낸 만델라는 신화 이상이었다. 특히 그의 카리스마, 일세一世의 영웅들만이 지닐 수 있는 차원의 자신감은 압권이었다. 호응을 받지 못하면 어쩌나, 사람들의 기대를 충족시키지 못하면 어쩌나 식의 옹색한 초조감은 전혀 찾아볼 수 없었다. 감히 오만이라는 단어로 폄하할 수 없는, 말하자면 자신이 영웅이라는 사실을 뼛속 깊숙이 인식하고 있어야만 가능한 자신감이었다. 그리스 희곡이나 셰익스피어 작품 속의 영웅들을 통해서만 접해봤던 그 엄청난 카리스마를 그 날 아침, 실재 인간에게서 처음으로 느꼈던 사람은 나 혼자만이 아니었을 것이다.

기자회견 도중 한 백인 기자의 손이 올라갔다(그 이후에 벌어진 상황을 죽을 때까지 잊지 못할 것이다). 그런 자리에서 질문을 하는 기자는 손을 들고 이름과 소속사를 대는 게 원칙이다. 그런데 그 기자가 이름과 소속사를 밝히자 기자회견장은 순간 찬물을 끼얹은 듯 조용해졌다. 정확히 기억은 나지 않지만 아파르트헤이트 체제의 기관지 역할을 했던 신문사였고 직함은 정치부 부장 아니면 정치부 상임기자였다.

남아공의 흑인들에게 가해진 가혹행위들과 27년에 걸친 그의 구금을 정당한 조치로 왜곡했던 아파르트헤이트의 선전 수단이었으니 만델라 입장에서는 가증스러울 수밖에 없었을 그 집단의 일원을 과연 어떻게 대할 것인가? 다른 모든 사람은 침묵 속에서 만델라의 입이 떨어지기를 기다렸다. 기다림의 시간은 아주 짧았다. 그 기자의 이름과 소속을 듣는 순간 만델라의 얼굴에 환한 미소가 떠올랐기 때문이다. 그 기자의 이름을 호명하며 온화한 목소리로 말했다.

"만나게 되어 정말 반갑습니다. 나는 지난 몇 년 동안 귀하의 글들을 아주 흥미롭게 읽었습니다."

자신과 남아공의 흑인들에게 온갖 몹쓸 짓을 자행했던 압제자들을 앞으로 어떻게 다룰 것인지, 만델라가 이미 그 방법과 수위를 결정했다는 걸 나는 그 순간 깨달았다. 자비심이 넘쳐서, 용서를 하지 않고는 견디지 못하는 성품이라서, 간디와 같은 영혼의 소유자라서, 만델라가 적의 첨병尖兵에게 진심 어린 미소와 인사를 건넨 것이 아니다. 단지 정치적 계산이 끝났기 때문이다. 적의 목숨이 아니라 마음을 빼앗아야 제일 좋다는 결론을 내렸던 것이다. 즉, 그들을 달래고 설득해서 총칼 없이 정권교체를 이뤄야 한다는 결심을 이미 굳게 다지고 있었다. 그 자리에서 아주 지혜롭고 지극히 냉철하며 극도로 절제된 만델라의 면모, 개인적 원한을 불식하고 국가를 위해 남아공의 백인들을 어루만지는 진정한 지도자 모습을 영원히 가슴에 새겼던 사람은 역시 나 혼자만이 아니었을 것이다.

나는 만델라가 미국의 조지 워싱턴처럼 (남아공) 독립의 아버지라고 생각한다. 엄청난 인간적 매력과 진실성, 그리고 앞날을 꿰뚫는 혜안을 지닌 만델라 같은 인물이 없었다면 남아공의 백인들은 끝까지 승복하지 않았을 것이며 따라서 평화적인 정권교체는 불가능했을지 모른다. 만델라는 내가 취재수첩을 들고 50여 개 국가를 돌아다녔던 지난 30년 동안 만난 사람들 가운데 가장 위대했다. 지금까지 만델라와 견줄 만한 인물은 현실뿐만 아니라 책, 소문으로도 접해본 적이 없다.

국민들을 평화적으로 설득해서 국가를 위한 자신의 비전을 실현한 지도자이기에 더 위대하다. '설득'이라는 단어를 다시 한 번 강조하고 싶다. 목적을 위해 테러를 동원하지 않으면서도 온 국민의 마음을 바꿔 놓았다.

민주체제에서 정치란 설득의 예술이며 리더십은 곧 설득력이다. 만델라는 바로 그 설득력을 갖고 있었고 결국 남아공은 바뀌었다. 그의 가장 큰 업적이다.

당시 남아공 흑인들은 백인들을 모두 바다에 처넣고 싶은 복수심에 사로잡혀 있었다. 만델라는 그런 그들을 설득해서 복수를 포기하게 만들었다. 반면 남아공 백인들은 불안과 그로 인한 강박에 사로잡혀 있었다. 만델라는 그런 그들을 설득해서 아파르트헤이트 체제를 포기하고 다수결의 원칙을 수용하게 유도한 결과 흑인도 대통령이 될 수 있음을 인정하도록 만들었다. 한 개인의 마음을 돌리기도 쉽지 않은데 국가의 존망과 직결되는 사안 앞에 있는 국민들의 마음을 바꿔 놓았다. 그것도 무력이 아닌 설득을 통해서 말이다. 우리 시대 리더십의 가장 위대한 치적治績이다.

만델라가 석방되던 1990년부터 대통령에 선출되던 1994년까지가 아파르트헤이트 이후의 과도기였는데 이때 모든 수고를 물거품으로 만들 수 있었던 사건이 하나 발생한다. 바로 1993년 4월에 일어난 크리스 하니 암살사건이다.

크리스 하니는 남아공 흑인들이 만델라 다음으로 사랑했던 지도자였으며 명실 공히 만델라의 후계자였다. 만델라에 버금가는 카리스마와 진실성을 지녔던 그가 갑자기 우익단체에 속한 백인의 총에 쓰러진 것이다. 그 소식을 접한 사람들은 영글지도 않은 평화가 산산조각이 날 거라고 생각했다. 인내의 한계를 넘어선 흑인들이 대대적인 보복에 돌입할 것이 불 보듯 뻔했다. 만델라는 두

가지 선택의 기로에 설 수밖에 없었다. 그 선택은 복수 아니면 또한 번의 인내였다. 어쩌면 그도 처음에는 심장이 원하는 복수를 택하려고 했을지 모른다. 하지만 결국 국가의 미래를 위해 다시한 번 자신의 심장을 외면했다. 감정적인 대응이 만들 결과를 고민하고 고민한 끝에 '지난 수십 년 동안의 노력을 물거품으로 돌릴 수는 없다. 평화 노선은 끝까지 유지해야 한다'는 결론을 내린 것이다.

대통령 선거를 1년 앞두고 있는 시점이었지만 대중 앞에 나선 만델라는 더 이상 흑인들만의 지도자가 아닌 남아공 시민 전체의 영도자領導者였다. 그는 텔레비전과 라디오로 생중계된 자리에서 성명聲明을 통해 다시 한 번 전 국민에게 평화를 호소했다. 그 성명에는 암살범들의 체포과정에 관한 내용도 있었다. 크리스 하니의 암살범들이 도주에 사용한 차량 번호판을 한 백인 여성이 재빨리 적어둔 덕분에 일당을 모두 체포할 수 있었다는 내용이었다. 그가 그 부분을 특히 강조했던 것은 흑인들의 분노를 누그러뜨리는 동시에 정국의 혼란을 방지하기 위해서였다. 만델라가 지닌 지도자로서의 아량과 앞날에 대한 통찰력이 벼랑으로 이어질 뻔했던 평화의 길을 온전히 되돌려 놓게 했다.

만델라가 오로지 평화만을 중시한 나머지 경제적 부분에서 더 많은 양보를 얻어내지 못했다는 점 등을 들며 결과적으로 흑인 민중의 기대를 저버렸다는 목소리가 요즘 들어 높아지고 있다. 하지만 당시의 정치적 현실을 정확히 이해하지 못해서 생긴 오해이다.

협상이 진행되던 4년간의 과도기 내내 남아공은 평화와 내전 사이에서 줄타기를 하고 있었다. 백인들은 무기와 군사적 전문지식이 충분한 상황이었다. 오히려 남아공의 백인들이 북아일랜드와 흡사한 테러를 자행하지 않은 게 지금 생각해도 이해가 가지 않는다. 중화기와 폭탄 지식을 갖춘 50명만 움직여도 남아공은 혼란의 도가니가 됐을 텐데 말이다.

만일 그랬다면 회의론자들이 지적하는 남아공의 빈곤과 불평등에 관한 문제점들은 현재보다 훨씬 더 심각했을 것이다. 하지만 남아공은 그 상황을 모면했다. 남아공 국민들은 그 점만으로도 만델라에게 감사해야 한다.

만델라는 협상에 앞서 정치적인 가능성들을 면밀하게 검토한 다음, 백인들의 자원이나 자산을 무리하게 빼앗지 않았다. 백인들의 테러, 나아가 내전의 구실이 될 것을 우려했기 때문이다. 우수한 백인의 기술 인력과 막대한 자본이 해외로 대거 유출되는 사태를 막기 위한 고육책이기도 했다. 따라서 만델라가 국민의 기대를 저버렸다고 비난하는 사람들은 당시의 시대상황에 대한 무지를 스스로 드러내는 것이다.

만델라는 불세출의 위인이다. 그는 리더십과 평화, 정치적 지혜의 표상으로서 세계 역사에 길이 남을 것이다. 미국의 링컨 전 대통령처럼.

링컨 전 대통령은 인간이 지닌 가장 숭고한 가치의 상징이다. 하지만 미국의 흑인들이 진정한 자유를 찾은 시기는 그가 죽고 나서 백 년이 지난 뒤였다. 그렇다고 링컨 전 대통령의 위상이 훼손되지는 않았다. 여전히 인류의 영원한 사표師表이다.

만델라도 그렇다. 그가 떠난 이후의 상황은 또 다른 이야기일 뿐, 그에게 책임을 물을 수 없다. 일부에서 생각하는 것처럼 그는 전지전능한 신이 아니며 그래서 영원히 자신의 의지를 행사할 수 없다. 그는 시대가 요구하는 자신의 역할을 충실히 수행했다. 리더십, 관대함, 그리고 지혜의 표상으로서 만델라는 먼 후손들에게까지 귀감이 될 것이다.

만델라는 고매한 양심과 탁월한 정치적 리더십이 한 사람 안에 공존할 수 있다는 것을 보여줬다. 만델라의 삶을 주의 깊게 살펴보면 대중 앞에서 호소하는 그의 메시지, 즉 존경과 평등 그리고 민주주의라는 절대적 가치들이 개인적 일상에 고스란히 배어 있다는 사실을 확인할 수 있다. 카메라가 있든 없든 그는 항상 차별 없이 상대방을 존중하며 자신의 의지를 강요하지 않는다. 영국의 여왕을 대할 때나 비행기 여승무원을 대할 때나 그의 태도는 한결

같이 극진하다.

그 진실성이 곧 그의 심장이다. 그의 미소는 그 심장에서부터 피어오른다. 그래서 아무리 컴컴한 곳이라도 그가 들어서면 환하게 밝아진다. 동시에 맨손으로 민주주의를 일궈낸 그의 지혜와 용기는 그곳에 사는 이들에게 희망을 심어준다. 그곳은 단순히 남아공만이 아니다. 물론 자국의 역사에 길이 남게 될 위대한 지도자를 가졌으니 남아공 국민들은 큰 축복을 받은 게 분명하다. 하지만 그를 기억하는 것은 남아공의 역사만이 아니고 그 축복도 남아공 사람들만의 것은 아니다.

존 칼런 John Carlin

스포츠와 정치에 관심이 많은 언론인. 그가 아파르트헤이트 체제 이후의 남아공 국가대표 럭비팀을 소재로 쓴 책은 〈우리가 꿈꾸는 기적: 인빅터스〉라는 영화로 만들어져 전 세계에 개봉되었다.

외교관 아버지를 따라 어린 시절을 아르헨티나 부에노스아이레스에서 보냈고 영국으로 돌아와 대학교를 마친 후 저널리스트 활동을 시작했다. 1980년대 말에는 남아공에서 일간지의 지국장으로 근무하기도 했다. 1998년 만델라는 존 칼린을 만난 자리에서 다음과 같이 치사했다.

"남아공에 관한 당신의 글과 접근방식은 정말 훌륭합니다. 그리고 아주 고무적입니다. 많은 기자가 외면하거나 침묵을 지킨 상황들을 기탄없이 지적해왔으니 당신은 또한 용감한 사람입니다."

그 이후 만델라와의 인연을 이어가면서 직접 집필하고 인터뷰까지 담당해 다큐멘터리 〈넬슨 만델라의 긴 여정The Long Walk of Nelson Mandela〉을 만들기도 했다. 남아공에서 개최되는 그의 강연회는 지금도 성황을 이루고 있다.

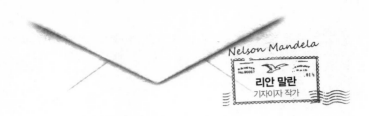

만델라가 만든 토대

만델라가 석방되자마자 자신을 감옥에 넣은 사람들을 투옥하거나 죽이려 했다면 1990년 이후의 남아공 역사는 지금과는 전혀 다른 방향으로 전개됐을 가능성이 매우 높다. 백인들이 내전을 시도하면서 결국 남아공 전역이 피로 물들었을 것이다.

나는 속이 좁은 사람이다. 만일 누군가 나를 30년 가까운 세월 동안 세상 빛을 보지 못하게 만들었다면 나는 반드시 복수했을 것이다. 하지만 만델라는 그렇게 하지 않았다. 그게 받는 사람 입장에서는 심적으로 아주 묘한 문제다. 죄를 지었는데도 아무 추궁 없이 무작정 용서를 받는다는 게 심적으로 얼마나 힘든지 아는가? 정말 매우 창피한 일이다.

남아공의 백인들 가운데 결백하다고 주장할 수 있는 사람은 하나도 없다. 모두가 아파르트헤이트 체제의 수혜자들이었으니까. 만델라가 면죄부를 제시했을 때 나는 부끄럽다 못해 치욕스러웠다. 아침에 잠에서 깨어날 때마다 의식이 말짱하다는 사실이, 내 피부색이 하얀 사실이 정말이지 진저리가 났다. 다른 사람들의 악행을 보고도 눈 감은 건 또 얼마나 이기적인 행태였는지….

만델라는 아파르트헤이트를 자행한 백인들을 용서했다. 그래서 나는 마음이 오히려 편하지 않다. 이건 완전히 예수님이 십자가에 달리는 상황이었다.

'저들은 지금 무슨 짓을 하고 있는지 알지 못하니 저들을 용서하소서.'

말하자면 만델라는 성자다운 면모를 지닌 인물이라 할 수밖에 없다.

남아공의 현대사는 철갑처럼 만델라를 감싸고 있다. 그 기록을 그대로 따르자면 만델라는 완전무결한 인물이다. 그래서 사람들은 만델라야말로 약점이 없다고 생각한다. 하지만 그런 인간은 존재할 수 없으면 만델라도 역시 약점이 있다. 내가 생각할 때 그의 결정적 약점은 '사랑'이다.

제테 체베쿨루를 아는가? 검찰 측 증인으로 나설 예정이었지만 재판 직전에 실종됐다가 한참 후 잠비아의 어느 형무소에 수감된 사실이 알려졌던 아프리카민족회의의 청년투사이다. 만일 그가 법정에 나와 목격한 대로 동료의 사망경위를 진술했다면 위니 만델라는 큰 곤경에 빠졌을 것이다. 그녀의 경호원들이 그의 동료를 납치한 뒤 살해한 사실이 드러났을 테니까. 제테 체베쿨루가 잠비아에서 복역하게 된 경위는 결국 소상히 밝혀졌다. 텔레비전으로 중계된 기자회견에서 그의 소재를 묻는 기자들의 질문에 대해 잠비아 대통령이 답변을 했기 때문이다.

"골칫거리인 그 청년을 당분간 빼돌려 달라는 아프리카민족회의의 요청이 있었습니다. 마디바(만델라의 애칭)의 지시에 따른 조치라고 하더군요. 나중에 확인해보니 사실이었습니다."

만델라가 정의보다는 사랑하는 아내를 선택했던 것이다. 밝혀지지는 않았지만 분명 그런 사랑을 받은 측근은 위니 만델라 한 사람만이 아니었을 가능성이 높다. 하긴 다들 사랑 때문에 잘못을 저지르는 경우가 많다.

만일 서구의 언론매체가 그 문제를 집중적으로 파고들었다면 정의와 민주주의를 위해 모든 것을 희생한 영웅으로 추앙받는 만델라는 역사에 없지 않았을까? 최소한 지금 같은 지위를 누릴 수는 없었을 것이다. 하지만 언론매체들은 그 사건을 덮었다. 신화의 이야기를 망치고 싶지 않았으니까. 언론매체뿐만 아니라 세상 사람들도 그 부분을 보려고 하지 않았다. 오프라 윈프리 같은 사람들에게 만델라는 종교이고 무조건 믿고 따라야 할 등불이다. 이 세상에서 가장 존경받아 마땅한 위대한 정치인인 것이다. 실제로 정치계의 가장 큰 브랜드이기도 하다.

만델라도 때때로 오만하고 성질도 내며 고집불통이기도 하다. 그 역시 많은 결점을 지닌 인간인 것이다.

나는 그를 보면 해바라기 같다는 생각이 들곤 한다. 사랑과 온기, 그리고 환호성이 있는 곳이라면 어디든 달려가고, 특히 나오미 캠벨 같은 예쁜 여자만 보면 고개가 저절로 돌아가는 양반이니 말이다. 정말이지 때로는 주책이다 싶을 만큼 고개가 획획 돌아간다. 노인네에게서는 기대하기 힘든 반응이지만 사실 성인 시절의 절반을 독방에서 지낸 사람이니 이해가 되기도 한다.

내가 지금 이렇게 말한 이유는 못마땅해서도 아니고 질투가 나서도 아니다. 다만 만델라를 실재實在보다 훨씬 더 성스러운 모습으로 미화하는 사람들의 시각 교정에 도움이 되었으면 하는 바람으로 우스개 삼아 말한 것이다.

내가 '만델라'라는 이름을 처음 접한 때가 정확하지는 않지만 1960년인가 1961년쯤 부모님의 대화 속에서 "경찰이 검은 뚜껑별꽃 만델라를 뒤쫓고 있다"는 얘기를 들었던 시기였던 것 같다. 당시 나는 초등학교 1학년이어서 그 이름에 그리 큰 관심이 없었다. 그런데 3년 뒤에 열린 리보니아 재판(요하네스버그에 있는 리보니아 지역에서 열린 재판)에서 만델라를 비롯한 아프리카민족회의 리더들이 종신형을 선고받았던 장면은 기억난다. 물론 나중에 확인한 사실을 기억이라고 혼동했을 수도 있다. 아무튼 그 재판 이후, 아프리카민족회의는 지하로 숨었다. 나라 밖이라면 모를까 나라 안에서는 오히려 그들의 활동상황을 알 길이 없게 된 것이다. 당시 관심이 없었지만 말이다.

고등학교를 졸업한 후, 정치에 관심을 갖게 되고 나름 혁명가를 자처하면서 자연스럽게 아프리카민족회의를 주목하게 되었다. 그렇지만 당시 아프리카민족회의는 스티브 비코(반아파르트헤이트 활동가) 체제였다. 밖에서 활동하는 비코는 볼 수 있었지만 감옥에 있는 만델라는 볼 수 없었다.

1980년 나는 아파르트헤이트 체제의 징집을 피해 미국으로 건너갔다. 처음에는 한 음악잡지에 기고를 하면서 근근이 생계를 이어갔다. 그러던 어느 날 고정적인 리뷰review 의뢰를 받게 되었다. 기회가 온 것이지만 밀입국자였기 때문에 본명으로 글을 쓸 수 없는 신세였다. 그래서 필명을 정했다. 바로 '넬슨 만델라'였다.

1980년도의 미국에서 그 이름은 아무런 의미가 없었다. 불교 용어 '만다라'의 오기라고 생각한 사람이 혹시 있었을지 모르겠다.

그러나 불과 10년 만에 꿈에서조차 그 이름을 사사로이 사용할 수 없게 될 줄을 당시 미국인들은 물론 나조차도 몰랐다. 아무튼 미국의 매체들이 드라마처럼 진행되는 남아공의 정국에 아직 주목하지 않던 상황에서 나는 만델라의 이름으로 행세하며 마침내 혁명가의 꿈을 이룬 것처럼 혼자 '좋아라' 했다.

1961년 5월 남아공이 영국연방에서 탈퇴하여 완전한 독립국으로 첫발을 디딜 당시, 세계는 이미 변화의 물결에 휩쓸리고 있었다. 알제리는 프랑스 식민지배에서 독립을 목전에 두고 있었고 쿠바는 카스트로의 혁명정부가 2년 전에 들어선 상태였다. 하지만 신생독립국이나 혁명단체들에 대한 열강들의 태도는 적대적이었다.

당시 만델라는 마음이 다급할 수밖에 없었던 상황이었다. 그 이전 5년 동안 만델라에 대한 재판이 지속되고 있었기 때문이다. 아파르트헤이트 정권이 아프리카민족회의를 완전히 무너뜨리려고 그에게 반역죄를 씌워 재판에 계속 회부했던 것이다. 그 마지막 재판에 동원된 만델라의 변호인단은 백 명이 넘는 규모였다. 검찰 측 인원은 훨씬 많았다. 정부와 아프리카민족회의 모두 그 재판에 총력을 기울이는 상황이었다. 그런데 변호인단이 변론을 하려는 순간, 판사가 그들을 막았다.

"우리는 듣고 싶지 않습니다. 우리가 변론을 들을 필요가 있겠습니까?"

변호인단의 반응은 둘로 나눠지게 된다. 한쪽은 절망했고 다른 한쪽은 희망을 품었다. 이내 희망을 품었던 쪽이 옳았다는 것이 증명되었다. 재판부가 검찰의 기소 자체를 기각했기 때문이다. 방법에 약간 문제가 있었을 뿐, 아프리카민족회의는 반국가 단체가 아니며 따라서 만델라는 무고하다는 판결을 내렸다. 전혀 의외의 결과였지만 어쨌든 만델라는 가뿐하게 법정을 나섰고 그 길로 종적을 감췄다. 지하 밀실에서 대대적인 시위를 준비하고 있다는 소문은 무성했지만 소문은 소문일 뿐이었다.

2013년이 돼서야 긴 세월 동안 남아공과 만델라에 관해 조사했던 스티브 알리슨 교수의 책을 통해 당시 만델라의 행적이 밝혀졌다. 그 내용을 보면 만델라는 단순히 흑인 진보주의자가 아니었다. 실제로 혁명가였으며 남아공 공산당 위원으로 남들 모르게 맹렬히 활동하고 있었다. 당시 만델라는 무장하고 저항하자는 쪽으로 생각을 완전히 굳힌 상태였다. 그를 비롯한 아프리카민족회의 지도부는 국내외 정세로 봐서 지금이 절호의 기회라고 판단했다. 베이징과 모스크바에 대표단도 파견했다. 중국에서는 마오쩌둥이 직접 마중을 나왔고 소련에서는 스탈린의 별장이 숙소로 제공될 만큼 환대를 받았다.

백인 진보주의자들은 만델라를 흑인 진보주의자로 간주하고 있었다. 하지만 그는 혁명분자였다. 그것도 전쟁을 일으켜 체제를 전복시킬 생각에만 사로잡혀 있는 극렬한 혁명분자. 하지만 자신의 의지대로만 밀고 나갈 수는 없었다. 정치라는 게 원래 지지자들의 구미에 맞도록 처신해야 하는 일이니까.

만델라는 27년을 감옥에서 보내고 난 뒤, 자신의 지지자들이 좋아하지 않을 일들을 과감하게 진행하기 시작했다. 사실 그게 만델라의 위대한 모습 가운데 하나다. 다른 정치인들로서는 엄두조차 내지 못할 일을 한 것이다.

만델라가 혁명가였다는 건 의문의 여지가 없는 사실이다. 단지 그의 무기고에 있는 가장 강력한 무기는 총이 아니라 사랑이었다. 아이러니의 극치라고나 할까? 솔직히 항상 그랬던 것은 아니지만 가장 중요한 선택의 고비 때마다 총 대신 사랑을 선택했다. 남아공 백인들의 무장을 해제시킨 수단도 물론 사랑이었다.

나는 보어인이다. 보어인들은 300년 동안 백인 우월주의와 인종 차별에 젖어 있었다. 흑인들을 결코 사랑할 수도, 믿을 수도 없는 집단이었다. 그래서 흑인들이 기회를 잡으면 우리 모두를 죽일 거라고 생각했다. 그런데 갑자기 만델라가 먼저 다가와서는 아파르트레이트 정책을 고안한 헨드릭 페르부르트의 미망인과 차를 마시면서 우리들의 불안한 마음을 달래줬다.

"지난 일은 지난 일일 뿐입니다. 형제여. 이제 우리 모두 소매를 걷어붙이고 미래를 향해 함께 나아갑시다.”

나 같은 다혈질들에게는 머릿속에서 핵폭탄이 터지는 것 같은 충격이었다.

'이런 젠장! 대체 이 작자는 누구지? 그 오랜 세월 동안 감옥에서 죽도록 고생하고도 이럴 수 있단 말인가?'

아프리카민족회의는 체제 전복을 궁극의 목표로 삼고 있던 사회주의 혁명집단이었다. 하지만 그들은 1994년에 정권을 완전히 장악한 뒤, 1996년에는 점진적인 경제발전정책, 그러니까 신자유주의적 자본주의 원칙과 비슷한 정책을 선택했다. 경제 성장을 추구하면 결국 국민 전체가 그 결실을 누리게 되어 현재와 미래의 삶이 변할 것이라는 만델라의 결단이었다. 반면 측근들이나 지지자들 상당수는 결코 원하지 않았던 선택이었지만 오랜 세월 그들의 지도자이면서 그 세월의 절반 동안 혹독한 옥고를 치른 만델라를 감히 거역할 수가 없었다.

만델라는 죽었지만 그의 명성은 좋은 쪽으로든 나쁜 쪽으로든 수천 년을 이어갈 것이다. 20세기 정치사를 훑어보면 격변하는 시대에 전면으로 나섰던 정치인들 가운데 사후에도 추앙받고 있는 사람이 과연 몇 명이나 있는가?

'만델라'라는 이름 속에서 사람들은 선한 가치, 더 나은 미래, 그리고 경외에 가까운 존경을 추구한다. 그는 하나의 염원을 위해 평생을 바쳤고 역사의 소용돌이를 헤쳐 나오면서도 명성은 전혀 손상되지 않았다. 20세기 정치 지도자들 가운데 그와 비슷한 인물을 찾아보기 힘들 정도다(굳이 한 사람을 말하라면 윈스턴 처칠 정도 말할 수는 있다).

나는 '만델라'教의 일부 측면에 상당한 회의를 품고 있는 사람이다. 하지만 그가 국민의 기대를 저버렸다는 비난에는 절대 동의할 수 없다. 남아공은 아직까지 빈곤과 불평등으로부터 완전히 벗어나지 못하고 있지만 만델라 덕분에 지금 이 땅 위에는 사랑의 물줄기가 흐르고 있다. 지금 남아공에서는 가까워질 가능성이 전혀 없어 보였던 두 집단이 만델라가 만들어준 토대 위에서 조금씩 하나가 되어 가는 중이다.

리안 말란 Rian Malan

'기자로서 천부적인 자질을 타고 났다는 점에서 그는 남아공의 크리스토퍼 히친스(뛰어난 비평가이자 논쟁가)다. 그가 언론계에 등장한 뒤 이전 시대의 기사들은 빛을 잃었다.'

영국 및 세계 각국에서 발간되는 《데일리 텔레그래프》가 그를 묘사한 글이다.

이렇듯 기자로서 뛰어난 재능을 널리 인정받고 있으며 미국의 각종 언론인 상들을 받았다. 집필에 대한 그의 열정은 언론의 경계를 넘어 창작과 다큐멘터리, 심지어 작사 부문에까지 이르고 있다.

1954년에 태어나 성장기와 청년기를 남아공에서 보냈지만 아파르트헤이트 체제의 만행을 참고 볼 수 없었던 차에 징집영장까지 날아오자 고국 땅을 떠나 뉴욕 등에서 프리랜서 기자와 문화평론가로서 명성을 쌓았다. 아파르트헤이트 체제가 쇠락하기 시작하던 시기에 다시 돌아와 남아공이 겪고 있는 변화들과 그 변화들이 사회와 국민들에게 미친 영향을 펜과 필름으로 기록하고 있다.

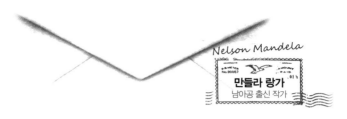

미래를 위한 용서

'진실한 사람.'

만델라를 생각할 때마다 머릿속에 떠오르는 첫 번째 이미지다. 그는 자신의 신념을 단 한 번도 저버리지 않은 인물이다. 하지만 신화로 포장된 탓에 제대로 이해받지 못하고 있는 인물이기도 하다. 사실 신화도 성서처럼 해석이 제각각이지 않은가.

나는 만델라를 사진으로 처음 만났다. 앙골라의 아프리카민족회의 캠프에서 생활할 때, 동료들과 함께 재미삼아 만델라 그리기 대회를 열기도 했다. 심지어 티셔츠에 실크 스크린으로 찍기도 했다. 게릴라 복장의 만델라, 호사 전통 의상의 만델라, 복싱 자세를 취하고 있는 만델라 등 어렵게 입수한 사진들을 참고하며 즐거운 시간을 보냈다. 하지만 하나같이 예전에 찍은 사진들이어서 고정적이고 부분적인 느낌밖에 가질 수 없었다.

세월이 흐른 뒤, 런던에 있는 아프리카민족회의 본부에서 근무할 때 만델라가 제대로 담긴 사진을 볼 수 있었다. 그 사진 속에서 만델라는 정신적 스승인 월터 시술루와 함께 서 있었다. 그전의 사진들과는 전혀 다른 온화한 모습으로.

만델라는 세상 그 누구보다도 마음이 한결같은 인물이다. 자신이 감옥에 가게 될 것과 그 안에서 겪게 될 일들, 그리고 풀려나게 될 결말을 분명히 알고 있었다. 다만 정확한 시점만 모르고 있었을 뿐이다. 겉모습은 세월의 흐름에 따라 변했지만 속은 변하지 않았다고 생각한다. 감옥에서 지내는 동안 깊은 사색, 동료들과의 다각적인 대화를 통해 훨씬 더 현명한 사람이 된 건 사실이지만 결국 그는 자유와 인류애에 관한 자신의 신념을 단 한 번도 저버린 적이 없다. 그래서 나는 투옥될 때의 만델라와 석방될 때의 만델라가 전혀 다른 사람이라고 생각하지 않는다.

아파르트헤이트 체제의 범죄자들에게 너무 많이 양보했다는 사실 때문에 배신감이 든다는 사람도 많지만 당시 상황을 안다면 그런 말은 하지 못할 것이다. 새로운 체제의 주역들 입장에서는 대폭적으로 양보할 수밖에 없는 상황이었다. 아파르트헤이트 체제는 그만큼 굳건했다. 당시 보안과 관련한 1년 예산은 지금으로 따져도 깜짝 놀랄 액수였다. 그렇게 중무장을 하고 있는 상대방과 협상을 해야 하니 도저히 몰아붙일 상황이 아니었다. 이런 상황을 모르고 배신 운운하는 것 자체가 무지의 소치에 불과하다. 극도로 위태로웠던 당시 상황을 알고 있다면 절대 그럴 수 없다는 이야기다. 그 협상이 결렬됐다면 우리의 상상을 초월하는 참극이 벌어졌을 가능성이 매우 높다. 나는 만델라가 최선을 다했다고 믿는다. 그의 양보는 남아공이 민주체제로 가는 초석이 되었다.

현재 남아공은 헌법이 정한 질서가 지배하고 있는 사회다. 헌법의 테두리 안에서 정의를 실천하며 공동체를 유지해 나가는 것이 민주사회, 민주시민의 의무이다. 특히 과거사에 관해 민주적인 법질서에 위배되는 생각과 행동은 우리 사회를 위해 결코 바람직하지 않다. 복수는 복수를 낳고 결국 그 결과는 모두의 패배이기 때문이다. 과거사는 반드시 기억되어야 하지만 범죄자들의 처리는 개인이 아니라 국가가 결정할 문제다. 그들이 응당한 처벌을 모면한 것은 민주질서를 확립하는 과정에서 발생한 하나의 부작용일 뿐이다.

무엇보다도 나는 용서의 힘을 믿는다. 형제 중 한 명이 내 동료들에게 살해당했다. 진짜 프락치의 계략에 의한 비극이었다. 만일 내가 그 비극에서 헤어나지 못한다면, 그 처참한 기억에만 사로잡혀 있다면 나는 더 이상 내 삶을 살 수 없게 된다. 그래서 나는 용서를 더욱 중요하게 생각한다. 피해자와 가해자, 그들 주변 사람의 미래를 위해 용서해야 한다. 용서 없이는 미래도 없다.

이 점을 이미 알고 있었던 만델라와 동료들은 진실과 화해 위원회를 설립했다. 그 위원회의 활동을 통해 아파르트헤이트 체제에서 자행된 범죄들이 상세하게 밝혀졌다. 그리고 죄상을 고백하고 새로운 앞날을 다짐하는 범죄자들을 용서했다. 진실이 규명되고 화해가 이뤄진 과정이다.

배상 문제도 거론됐지만 수많은 피해자와 그 가족들에게 충분한 위로가 될 만한 배상에는 천문학적인 예산이 필요했다. 당시 남아공은 그 예산을 충당할 방법이 전혀 없었고 국가의 경제권을 장악한 백인들이 내놓을 가능성도 전혀 없었다. 결국 위원회는 소기의 목적은 완수했지만 배상을 비롯한 물질적인 문제는 신체제의 숙제로 남았다.

과거의 고통스러운 기억은 인간의 영혼에 깊은 상처를 남긴다. 그 상처는 직접적으로 고통을 겪은 세대들만이 아니라 이후 세대들에게도 부정적인 영향을 끼친다. 전쟁을 겪은 국민들의 트라우마를 연구한 심리학자들에 의해 입증된 사실이다. 하지만 그 상처는 충분히 아물 수 있다.

내가 망명자로 떠돌던 시절, 어머니와 형제가 살해되었다. 그 소식을 들었을 때, 정말이지 심장이 찢어지는 것 같은 고통을 느꼈다. 장례식에도 가지 못했기에 가슴이 더욱 아팠다. 그 기억은 내 영혼 속에 영원히 상처로 남았으며 한동안은 미래가 없는 사람처럼 살아야 했다. 하지만 계속해서 그렇게 살 수는 없었다. 상처를 치유할 방법을 찾아야 했다.

당시 작가였기 때문에 내가 할 수 있는 최선의 방법은 내 고통을 거울삼아 비슷한 상처를 지닌 사람들을 돕는 일이었다. 워크숍을 진행하면서 상처 있는 사람들을 만나 서로의 경험과 계획에 대해 대화를 자주 나눴다. 그 대화의 과정에서 상처가 아무는 것을 확실히 느낄 수 있었다.

남아공의 국민들은 크나큰 고통을 겪었다. 하지만 그 기억에서 헤어나지 못하면 죽은 것과 다름이 없다. 그렇다! 우리는 살아남았고 앞으로도 살아가야 한다. 최선을 다해 상처를 치유하고 나아가 다시는 우리 같은 피해자가 없도록 그 교훈을 후대에 물려줘야 한다.

나는 과거에도, 현재에도 그 끔찍한 과거에 굴복하지 않았다. 앞으로도 그런 일은 없을 것이다. 나보다 더 큰 고통을 겪은 사람들도 얼마든지 있기에 나는 내 슬픔에만 잠겨 있을 수 없다. 다시 한 번 말하지만 우리는 살아남았고 앞으로도 살아가야 한다는 사실이 매우 중요하다. 우리는 행복하게 살 수 있는 권리가 있다. 어쩌면 살아남지 못한 사람들을 생각할 때, 그것은 권리라기보다는 우리의 의무라고 할 수도 있다.

참고로, 형제를 살해한 사람은 모두 교수형을 당했다. 1980년 중반으로 기억하는데 당시는 아파르트헤이트 시절이었고 그들은 아프리카민족회의 관련자여서 가차 없이 처벌받은 셈이다. 물론 아파르트헤이트 체제 관련자라면 결과는 달랐을 것이다. 그래서 그들은 내게 사과할 기회조차 얻지 못했다. 대신 10여 년 후 아프리카민족회의에게 사과를 받았다.

만델라는 복서였다. 그래서 싸움꾼이라는 단어가 더 어울릴지 모른다. 아프리카민족회의 중간 지도자급 이상이라면 누구나 그의 불같은 성격을 잘 알고 있다. 회의에서 말을 질질 끄는 사람이 있으면 참지 못했고 약속시간에 늦거나 해이한 행동을 하는 사람들에게는 그 자리에서 불호령을 내렸다. 그런데 1994년부터 대중 앞에 나타나는 만델라의 모습은 온유함 그 자체였다. 다분히 왜곡된 모습이라고 할 수 있다.

과거의 만델라는 아프리카민족회의 최고 지도자이자 군대의 총사령관이었다. 정치적 목적을 위해서라면 언제든 전쟁을 벌일 수 있었던 위치였다. 하지만 그 부분은 역사에서 깔끔히 지워졌다.

현재 남아공에서는 아파르트헤이트 체제의 만행은 물론 그 이름 자체를 거론하는 것조차 금기시되는 분위기가 형성되어 있다. 국민 대통합과 공동의 미래라는 대의명분을 훼손시키는 행위로 몰린 결과이다. 하지만 과거사가 깨끗이 청산되지 않은 현재 상황에서 무조건 지난 일을 묻어버리는 건 정의가 아니다. 남아공의 국민들은 만델라라는 존재, 그리고 그의 용서가 드리운 그림자로부터 가끔씩은 벗어날 필요가 있다.

물론 만델라의 용서는 무조건부無條件附가 아니었다. 기회 있을 때마다 과거사를 잊어서는 안 된다고 강조했다. 잘못된 과거로부터 더 나은 미래로 가는 길목에 그의 용서가 있는 것이다.

우리가 염원하는 남아공은 아직 현실에 존재하지 않는다. 과거로부터 자유로운 남아공을 원하고 있지만 현실적으로는 아직까지 완성되지 않은 바람이다. 지금은 안주할 때가 아니라 더 노력할 때이다.

만델라가 용서에만 급급했던 나머지 남아공 민중의 염원을 저버렸다고 비난하는 사람들이 있지만 그가 얼마나 현실적인 인물인지 몰라서 그렇게 말하는 것이다. 만델라가 했던 용서는 남아공의 미래를 위해 치밀하게 계산된 포석布石이었다.

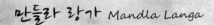

만들라 랑가 Mandla Langa

대학 문을 나서자마자 남아공 학생연맹의 간부가 되어 반 아파르트헤이트 투쟁대열에 합류했다. 1976년 불법 출국죄로 구속되었다가 석방된 후, 곧장 망명길에 올랐다. 움콘토 웨 시즈웨의 간부들과 함께 정규 군사훈련을 받은 적이 있으며 영국에서 언론학을 공부했다. 자신이 훈련시킨 대원이 프락치로 오인받은 형제 중 한 명을 살해하는 아픔을 겪기도 했다. 그 아픔은 두고두고 그를 괴롭혔다.

상실과 폭력을 주제로 30년이 넘는 세월 동안 꾸준히 글을 써왔으며 남아공 출신 작가로는 처음으로 영국 예술원의 창작 지원금을 받을 정도로 인정받았다. 그리고 남아공의 문화예술부문 국민훈장과 아프리카 최고 작품상 등을 수상했다. '그는 망명에서 겪었던 정신적 공황을 문학으로 승화시킨 작가이다. 그의 작품세계 바탕은 투쟁의식을 정화시킨 신념과 염원이다'라는 평을 받았다.

남아공으로 돌아와서는 방송국 회장 등을 거쳐 현재 현대 아프리카음악미술협회 회장, 언론발전센터와 국제대화재단 이사로 활동하고 있다.

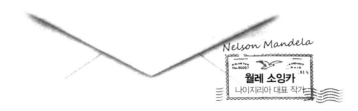

변화를 촉진시키는 비난만 허용하자

프랑스의 미테랑 대통령 시절, 나이지리아 주재 프랑스 대사관에서 내게 미테랑 재단의 식사 초대장을 보냈다.

'저녁 한 끼 먹자고 나이지리아 라고스에서 프랑스 파리까지 여행하라니, 이 사람들 지금 제정신이야?'

처음에는 시큰둥했지만 "만델라를 위해 프랑스 영부인이 주최하는 만찬"이라는 얘기를 듣고 나서는 바로 이렇게 말했다.

"그걸 왜 이제 말하고 그래!"

곧장 대사관으로 가서 몇 시간 만에 비자를 발급받아 그날 밤 파리행 비행기에 몸을 실었다.

만찬회장에 도착하니 이미 다양한 직업과 신분의 사람들이 모여 있었고 영국에서 만델라를 보기 위해 온 사람도 있었다. 나는 그 자리에서 처음으로 만델라를 만났다. 역시 만델라는 주변 사람들과 확실하게 구분이 되는 넓은 아량의 소유자였다.

만찬회장의 화제가 당시 흑인들 간의 무력 충돌로 옮겨 갔다. 아파르트헤이트 체제가 와해되면서 부텔레지가 이끄는 줄루족과 아프리카민족회의 사이에 주도권 다툼이 끊이지 않던 시기였으니 화제가 안 될 수 없었다. 그 자리에서 그 유혈사태, 특히 부텔레지에 대한 만델라의 자세에 깊은 감명을 받았다. 타보 음베키 등은 부텔레지와 대화하려는 노력은 일고의 가치가 없다면서 만델라와는 정반대의 자세를 갖고 있었다. 반면 만델라는 만일 자신에게 선택의 기회가 있었다면 석방되던 날, 그 길로 부텔레지를 찾아갔을 거라고 말했다. 당시에 그렇게 하지 못한 이유를 다음과 같이 설명했다.

"하지만 나 역시 조직의 일원이고 따라서 조직의 방침에 따라야 했습니다. 당시 아프리카민족회의는 부텔레지와의 대화가 전혀 무의미하다는 결론을 내린 상태였습니다."

만찬이 끝나고 몇 주가 지난 뒤, 나는 만델라와 부텔레지의 회동 소식을 들었다. 이번에 만델라가 자신의 선택으로 대화의 장을 만든 것이다.

나는 그의 관대한 영혼에 깊은 감명을 받았다. 나로서는 감히 바랄 수조차 없는 차원이었다. 만델라가 제안한 진실과 화해 위원회는 그 자체로 우리 인류에게 베풀어진 하나의 기적이다.

그 위원회의 활동을 담은 테이프들을 여러 번 봤다. 처음에는 막연하게 뭔가 허전한 느낌이었지만 아파르트헤이트 체제에서 가혹행위를 자행한 사람들의 얼굴을 자세히 살펴보고 나자 그 느낌이 분명해졌다. 그들의 얼굴에서 후회의 빛을 찾아볼 수가 없었다. 그들에게 그 절차는 다시 사회의 일원으로 돌아가기 위한 통과의례였던 것이다. 그런 그들도 만델라의 관대한 결단으로 큰 다툼이나 문제없이 새로운 남아공에 자연스럽게 섞일 수 있었다. 극히 드물게나마 진솔한 뉘우침도 있었다. 어느 경관의 경우가 특히 그랬다.

그 경관은 지난날 자신이 자행했던 가혹행위를 진심으로 사과했다. 단순히 사과만 하지 않고 피해자의 집을 찾아가 청소 같은 허드렛일까지 도왔다. 자신이 상처를 준 사람들에게 속죄받기 위해 스스로 그들을 위한 사회봉사명령을 내린 것이다. 정말 감동적인 순간이었다.

물론 유감스럽게도 사람들 대부분은 그렇게 하지 않았다. 그 모습을 지켜보면서 인간의 천성은 천차만별이며 그중에는 구제불능인 사람도 있다는 사실을 새삼 느꼈다. '진실과 화해 위원회' 발상은 그 자체로 과감한 시도였다. 영웅적인 용단이었던 셈이다.

　다만 배상문제 처리가 좀 미흡했다는 아쉬움은 있다. 하지만 그 위원회는 만델라가 구상했던 원대한 일의 일부였으므로 그 아쉬운 부분만을 놓고 왈가왈부할 수는 없다고 본다. 나는 그 위원회가 만델라의 염원 중 일부분이자 그 염원을 구현하는 과정이며, 그 과정을 통해 결국 그의 염원이 이뤄지는 선순환적인 고리에 주목한다.

　만델라 사후, '만델라가 과연 이상적인 사회를 이뤘다고 생각하는가?'라는 질문을 참 많이 받았다. 그 질문에는 만델라 자신이 가장 먼저 아니라고 대답하리라 생각한다.

　아파르트헤이트 체제에 맞선 그 영웅적인 투쟁시기 동안 만델라와 그의 동료들이 꿈꿨고 그래서 수많은 투사가 기꺼이 목숨을 바쳤던 이상적인 사회는 아직 완성되지 않았다. 이 점은 그 누구도 부인할 수 없는 사실이다. 만델라는 공정한 부의 분배, 나아가 공정한 정신적 가치의 분배가 이상적인 사회의 필요충분조건들 중 하나라는 사실을 누구보다 잘 알고 있었다. 그래서 그가 앞의 질문을 받았다면 아직 이상적인 사회를 만들지 못했다고 인정할 것이다. 그렇다고 그 부분을 꼬집어서 만델라를 비난하려고 한다면 잠시 마음을 가라앉히고 한 가지 사실을 직시해야 한다. 이상적인 사회는 한 세대 만에 되는 것이 아니라는 사실을 말이다.

　단순히 시간적인 문제만이 아니다. 전체는 아니라도, 절대 다수의 국민들이 상대적인 박탈감을 느끼지 않도록 불평등 구조를 개편하는 과정도 필요하다. 하지만 그 과정이 결코 간단하지 않으며 특히 부를 재분배하는 과정은 정말 쉽지 않다. 자칫 잘못하면 기득권층과 소외계층 모두를 만족시키지 못한 채 사회 전체가 혼란에 빠질 위험이 너무 높다.

　나는 남아공 여행을 자주 다닌다. 그곳에 갈 때마다 '이 나라가 좀 더 빠른 속도로 부의 불균형을 바로 잡아가는 모습을 보면 참 좋겠다'라는 생각이 든다. 물론 신흥 부유층이라고 할 수 있는 흑인 엘리트들이 약진하고 있지만 아직도 흑인들 대부분은 여전히 빈곤에서 헤어 나오지 못하고 있다. 그렇지만 절망이나 비난은 시기상조이다. 신新체제가 구舊체제의 유산으로 떠안게 된 경제적 부담은 단 몇 년으로는 도저히 해결할 수 없는 규모이다.

　주택보급사업이 더 빨리 진행되어야 한다, 부의 분배가 더 공평하게 이뤄져야 한다 등 직접적인 이해관계가 없는 외부인사들 사이에서도, 또한 남아공 내부에서도 탁상공론이 무성하다. 한발 떨어져 추이를 관망하는 사람들은 얼마든지 그럴 수 있다(그런 사람들의 지적도 원론적으로는 대부분 타당하다). 하지만 철저하게 양극화된 사회를 물려받은 신체제의 정치인들은 신중을 기할 수밖에 없다. 그런 정황을 감안하면 아파르트헤이트 체제 이후에 들어선 남아공 체제가 자기 잘못도 아닌 것과 관련된 비난까지 듣고 있다는 생각이 든다. 비난이 필요한 곳에는 비난이 가해져야 한다고 본다. 대신 변화를 촉진시키는 긍정적인 비난만 허용해야 한다.

이 글을 마무리하면서 이야기하고 싶은 것이 하나 있다. 나라마다 고유한 특수성이 있기 때문에 다른 나라의 정책이나 철학을 그대로 강요하거나 수용할 필요까지는 없다. 하지만 나는 무조건적인 사면에는 절대적으로 반대한다. 숭고한 사명, 민중의 자유, 국부의 재분배, 손상된 환경 복구 등 고고한 목표를 위해 부당한 체제에 맞서 싸우는 집단에도 단순히 피 냄새를 따라온 망나니가 일부 있기 마련이다. 그들은 사악한 범죄자들이다. 몸값을 받아내기 위해 유괴를 일삼고 무고한 사람들을 마구잡이로 살해하는가 하면 여자들을 가둬 놓고 강간하는 인간 망종亡種이다. 그런 사람들까지 사면을 받았으니 지나쳐도 너무 지나친 것이다. 철저한 조사를 거친 뒤에 선별적으로 사면해야 한다. 무조건적인 용서는 도덕적으로 결코 옳지 않다.

월레 소잉카 Wole Soynka

나이지리아의 대표 작가로서 소설, 희곡, 수필 등 다양한 장르를 넘나들며 왕성한 창작활동을 펼치고 있다.

나이지리아 전역을 피로 물들이는 내전의 중지를 촉구하는 글을 썼다가 2년 동안 독방에 수감되기도 했다. 석방된 후에는 집필뿐만 아니라 자유와 민주주의 발전을 위해 적극적으로 활동했다. 특히 아파르트헤이트 체제로 대변되는 압제의 현실을 세상에 알리는 데 큰 역할을 했다.

1986년 노벨 문학상을 받는 시상식에서 만델라에게 헌사를 바쳤으며 2005년 '만델라의 의미'를 주제로 열린 국제학술대회에 참여해 다음과 같이 말했다.

"과거는 미래를 가로막는 장애가 되지 않도록 적절한 시각으로 조명되어야 합니다. 만델라는 과거의 흔적을 완전히 지워야 한다고 호소했던 게 아닙니다. 오히려 그는 현재와 미래를 올바르게 살아가기 위한 교훈으로써 과거의 가치를 중시했습니다. 민중을 해방시키기 위해 지대한 노력을 경주傾注한 지도자들은 마땅히 추앙받아야 합니다. 하지만 과거의 공적이 미래에 부담이 되어서는 안 됩니다."

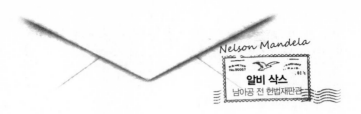

영웅의 자격

만델라가 석방되는 날, 나는 그 현장에 있었다. 정말 감동의 현장이었으며 지금 생각해도 온몸에 전율이 느껴진다. 교도소 문을 걸어 나오는 만델라의 모습을 눈으로 보면서도, 자유인으로서 자신의 염원을 호소하는 그의 목소리를 귀로 들으면서도 우리는 꿈인지 생시인지 믿기지가 않았다. 철저하게 분열된 이 땅, 서로의 목숨을 빼앗을 만큼 증오로 뒤덮여 있던 남아공에 그렇게 아름답고 진실한 메시지가 다시 한 번 울려 퍼지게 될 줄 그 누가 알았겠는가. 그는 모든 사람에게 모든 것을 약속했다. 그 순간, 넘어져 있던 사람들이 다시 일어서고 상처 입은 사람들이 울음을 그쳤다. 분명 남아공의 민중들에게 최고의 순간으로 기억되는 하루였을 것이다.

그와 영원히 헤어진 후부터 나는 그가 석방되던 날을 녹화한 비디오테이프를 수없이 봤다. 그런데도 매번 그가 연설하는 장면만 나오면 가슴이 뭉클해진다. 인종과 성차별이 없는 민주적인 남아공 예비 대통령의 자격으로 준비한 연설이었던 만큼 값진 메시지가 깃들어 있기 때문이다. 그는 남아공뿐만 아니라 온 세계가 자신을 지켜볼 것을 알고 있었기에 더욱 공을 들여 원고를 준비했으며 실제로 그의 연설은 여러 차례 대통령직을 연임한 원로 정치가의 공약 같았다. 하지만 공약의 내용은 다른 정치가들과는 차원이 달랐다. 이전 체제의 범죄자들을 한칼에 처단하고 기아와 빈곤을 일거에 퇴치해서 진정한 정의와 물질적 풍요를 누리게 해주겠다는 실현 불가능한 약속은 없었다. 대신 비가 그치고 무지개가 떴으니 이제 곧 태양이 비출 것이라며 온 국민을 다독였다. 지금도 들을 때마다 새삼 감동하게 되는 메시지다.

분열과 빈곤을 비롯해서 우리가 당면한 문제점들이 심각하지만 그 문제점들을 해결하기 위해 국민 모두가 팔을 걷어 부치면 남아공의 앞날은 밝을 것이라는 그의 호소는 결국 아파르트헤이트 체제를 무너뜨렸고 남아공 역사상 처음으로 치러진 민주선거를 통해 자신을 대통령으로 만들어줬다. 그리고 그가 이끄는 새 정부는 남아공 역사상 처음으로 모든 국민이 법 앞에 평등한 민주질서를 수립했다. 만델라는 드디어 그 날의 연설 내용을 실천한 것이다.

우리는 분열된 현실을 부인하거나 외면하지 않고 정면으로 부딪쳐서 국민 대통합을 이뤘다. 국민 한 사람 한 사람이 최선을 다했기에 가능한 일이었다. 나는 그의 연설을 들을 때마다 힘이 솟구치고 그의 공약대로 변하고 있는 남아공의 모습을 보면서 가슴이 벅차오른다. 물론 아직도 해결해야 할 문제는 많다. 현재 남아공은 범죄율, 사회부조리, 실업 등 나쁜 분야들에서 수치스럽게도 세계적 순위 다툼을 하고 있다. 하지만 시간이 지난 어느 순간, 지금보다 더 좋아지리라 확신한다.

우리의 대통령은 만 5년의 임기만을 마치고 자리에서 물러났다 (북아프리카 국가들 최고 통치권자들의 집권기간이 평균 39년에서 41년인 상황에서 말이다). 여기서 남아공 국민 모두가 그것을 당연하게 여기고 있다는 사실이 중요하다는 말을 하고 싶다. 법 앞에 평등한 민주질서가 온 국민의 머릿속에 확실히 뿌리를 내렸기에 가능한 일이다. 우리는 바깥세상 사람들은 물론 우리 국민들 대부분조차 기대할 수 없었던 민주사회를 이룩했다. 민주적인 선거가 실시되어 국민의 의사가 국정에 반영되고, 언론의 자유가 보장되어 언론매체와 국민이 서로를 보호하고 있다. 그리고 헌법재판소가 넓게 둘러쳐진 민주사회의 울타리를 지키고 있다. 정말이지 대단한 변화가 남아공에 일어났으며 지금도 현재진행형이다. 그래서 나는 남아공의 미래가 희망적이라 확신한다.

물론 그 변화의 중심에는, 내가 그렇게 확신한 중심에는 만델라가 있다. 하지만 그가 구세주처럼 홀로 기적을 일으켜서 이 모든 변화를 이룩하지는 않았다. 지금 우리가 누리고 있는 민주사회는 엄연히 남아공 국민 모두의 노력이 빚어낸 결실이다. 세상 사람들은 만델라의 인간적인 장점들에만 지나치게 집중한 나머지 그 사실을 종종 간과하고 있다. 그래서 지도자 위치와 관련된 만델라의 업적이 제대로 평가받지 못하고 있는 현실이 안타깝다.

만델라는 인간적으로 수많은 장점을 가진 인물이다. 그중에서 내가 생각하기에 가장 큰 장점은 어떤 상황이든 일단 받아들인 뒤 자신만의 필터로 걸러내어 다시 자신의 목소리로 표현할 수 있는 능력이다. 그의 목소리는 그의 자세나 표정, 혹은 만델라 자이브로 이름 붙여진 춤동작과 마찬가지로 지극히 독창적이다. 그는 결코 상황에 좌우되는 사람이 아니다.

또한 다른 사람들, 그리고 다른 문화와의 교류를 진심으로 즐긴다. 필요한 무언가를 얻기 위해 즐기는 척만 하지 않는다. 군중들을 향해 손을 흔들 때, 외국의 귀빈들 앞에서 만델라 자이브를 선보일 때, 낯선 사람을 포옹할 때 그의 얼굴에는 웃음꽃이 피어난다. 꾸며낸 웃음이라면 절대로 그렇게 밝을 수가 없다. 인간사회에는 엄연한 계층이 있어서 서로 다른 집단끼리는 인간적인 교류가 불가능하다는 편견에 기초한 아파르트헤이트 체제를 무너뜨린 것도 결국 그의 웃음이었다. 식당 종업원이나 호텔 도어맨들을 대하는 그의 웃음과 마이클 잭슨이나 영국 여왕을 대하는 그의 웃음 간에 차이가 조금도 없다. 그의 웃음은 '누구든 있는 모습 그대로 인간으로서 존중받는 평등한 남아공 사회'의 상징이다.

그 웃음과 함께 울려나오는 그의 목소리는 그 자신의 것만이 아니라 오케스트라 연주와도 같은 모든 사람의 합창이다. 그 주인공들은 그의 웃음, 지성, 웅변술을 확성기 삼아 그의 가슴과 머리와 입을 통해 자신들의 염원을 호소하고 있다.

나는 1990년에 《뉴욕타임스》 기자와 인터뷰를 한 적이 있다. 기자는 나를 가두고 고민했던 사람들에 대한 감정을 물어봤다.

"난 아무래도 진정한 혁명투사가 되기는 틀린 모양입니다. 그들이 밉지 않으니 말입니다. 독방에 수감되었을 당시에는 진정한 혁명가가 되려면 간수들을 포함해서 나를 가둔 자들에 대해 사무치는 증오심을 키워야 한다는 생각을 했었습니다. 하지만 도무지 그런 마음이 들지 않아 그냥 이대로 살기로 했습니다."

내 대답을 들은 그 기자는 만델라도 예전에 자신과의 인터뷰에서 비슷한 대답을 했다고 말했다. 그제야 나는 증오가 생기지 않는 마음이 개인적인 성격 탓이 아니라는 사실을 깨달았다. 특정한 문화의 영향으로 형성된 집단적인 특성이었던 것이다. 내가 생각한 '특정한 문화'는 1950년대에 적극적으로 참여했던 청소년 운동이었다. 그 문화를 이끈 주역은 알버트 루툴리였는데 항상 다른 사람의 이야기에 귀를 기울인 뒤 가슴속의 베틀에 그 모든 목소리를 걸고서는 아주 아름답고 세련된 한 줄기 실타래로 자아내는 인물이었다. 만델라와 알버트 루툴리는 최소한 그 부분에서는 똑같았다는 사실을 깨닫고 나자 좀 더 큰 구도에서 만델라의 장점을 분석할 수 있었다.

만델라의 온유함이 누구에게나 잘 보이기를 원하는 정치적 술수라고 생각하는 사람들도 있다. 하지만 그 판단은 철저하게 잘못된 것이다. 그의 온유함은 그가 혁명가였을 때는 불가능해 보이던 염원을 이뤄내는 바탕이 되었으며, 대통령이었을 때는 위태로운 나라에 새로운 질서를 수립할 만큼 강한 인내와 추진력 그리고 자신감으로 나타났다. 물론 아프리카 민족주의 정신에 위배되지 않는 범위 내에서만 발휘되는 미덕이었다. 이러한 아프리카 민족주의 정신은 남아공 민주화의 초석이다. 또한 만델라는 피부색, 성性 등과 관련해 어떤 차별도 없이 서로가 서로를 돕는 공동체에 대한 신념과 염원이 있었는데 그것도 영향을 미쳤으리라 의심하지 않는다.

미소 띤 얼굴로 교도소 문을 나서는 만델라, 용서와 화해를 호소하는 만델라, 미래의 비전을 제시하는 만델라만을 기억하려는 사람들은 그가 이뤄낸 역사의 상당 부분을 외면하고 있는 것이다. 대화를 통해 남아공에 바람직한 변화를 불러일으키려 했던 1950년대의 평화적인 시도들이 아파르트헤이트 체제에 의해 모두 무산되고 오히려 인권 탄압이 갈수록 심해지자 만델라는 지하로 숨어들어갔다. 그 자신은 물론 아프리카민족회의까지 활동금지명령을 받았기에 어쩔 수 없는 선택이었다. 하지만 그것은 새로운 투쟁의 시작이기도 했다.

최근 아파르트헤이트의 남아공 방위군과 전투다운 전투 한 번 벌이지 못한 점을 지적하며 움콘토 웨 시즈웨(보통 MK로 알려진 아프리카민족회의의 군사조직)를 비웃는 기사를 읽었다. 정작 비웃음을 받아야 할 대상은 그 기사를 쓴 사람이다. 역사에 대한 자신의 무지를 스스로 드러냈으니 말이다. 만델라를 비롯한 아프리카민족회의 지도자들은 목적을 이루기 위해 본격적인 전쟁을 벌일 의도가 추호도 없었다. 따라서 움콘토 웨 시즈웨는 군대라기보다는 하나의 상징이었다. 구체적으로 말하자면 고귀한 목적을 위해서는 목숨까지 내놓을 수 있다는 의지를 표방하여 대내적으로는 투쟁정신을 고취하고 대외적으로는 반체제운동을 확산시키려는 노력의 일환이었던 것이다.

나는 전투를 치러본 경험은 없지만 아프리카민족회의가 무장항쟁을 선택한 경위는 누구보다 잘 알고 있다. 평소 평화주의자를 자처하는 나였지만 당시에는 어쩔 수 없는 선택이었다. 모멸감을 참아가며 10년 동안 사정했지만 오히려 압제는 더욱 가혹해졌다. 절대 다수의 염원이 더 이상 외면당하지 않도록 우리의 의지를 분명히 표현하는 길은 오직 무장항쟁뿐이었다. 사실 타고난 웅변술에 변호사 자격증까지 갖고 있었던 만델라 입장에서는 아파르트헤이트 체제라고 해도 양심을 저버리지 않고 잘 먹고 잘 살 수 있었다. 그런 그가 무장항쟁의 길을 선택하면서 공개적으로 선언했다.

"이제 새로운 투쟁이 시작되었다. 이 길 역시 국가와 민중을 위한 선택이다. 우리가 염원했던 변화를 우리 자신은 누리지 못하고 죽을 수도 있지만 그만한 가치가 충분한 투쟁이라는 사실을 모두 잘 알고 있다. 목숨을 잃거나 감옥에 갇혀도 이제 우리는 진정한 자유인이다."

그의 선언은 총을 들지도 않았고 투쟁에 참여하지도 않았지만 부당한 체제에 불만을 품고 있던 수많은 사람에게 깊은 감명을 주었다. 그리고 그가 움콘토 웨 시즈웨의 총사령관이라는 사실은 그 상징성을 한층 더 부각시켰다.

1988년 남아공 정보국 요원들이 모잠비크에서 내가 탄 차량을 폭파시키는 일이 발생했다. 나는 다행히 목숨은 건졌지만 큰 부상을 입었다. 병원에서 퇴원한 후 안정을 취해야 했지만 얼마 지나지 않아 콘서트를 보기 위해 영국으로 건너갔다. 평소 클래식이나 재즈를 자주 듣던 내가, 콘서트라고는 처음인 내가 아직 회복되지 않은 몸을 이끌고 간 이유는 단 하나였다. 그 콘서트가 만델라의 석방을 촉구하기 위해 열리기 때문이다. 그 콘서트에 모인 7만 명이 넘는 사람들 대부분이 젊은이였으며 진행되는 내내 '만델라를 석방하라'는 외침이 끊이지 않았다.

만델라가 현장에 참석했어도 이보다 더 큰 환호는 나오지 않겠다고 생각했다. 만델라가 실재보다 더 강력한 이미지의 상징으로 사람들의 가슴속에 자리 잡았다는 사실을 의미한다. 나는 그 의미 때문에 만델라가 감옥에서 나온 후부터 세상 사람들이 기대에 미치지 못하다며 실망하지 않을까 걱정을 많이 했다. 기대가 크면 그만큼 실망도 크지 않나. 하지만 1990년 2월에 석방된 만델라가 3월 초 잠비아의 수도 루사카를 방문하던 장면을 보면서 걱정이 기우에 불과하다는 걸 확인할 수 있었다. 만델라가 온 날, 루사카는 완전히 잔치 분위기였다. 망명지와 감방에서 따로 떨어져 있던 옛 동료들이 30년 만에 만델라와 재회하는 자리였으니 당연했다. 그의 기념 연설은 다음과 같았다.

"나는 아프리카민족회의에 충성을 맹세한 일원입니다. 아프리카민족회의가 내게 모자와 유니폼을 입힌 다음 호루라기와 곤봉을 쥐어주며 아프리카민족회의 건물 외곽의 야간 경비를 명령한다면 기꺼이 그 명령에 따를 것입니다."

조직의 이념에 부합하는 범위 내에서 조직이 원하는 일이면 무엇이든 맡겠다는 말단 조직원의 마음가짐으로 그 자리에 섰다는 사실을 극단적인 예를 통해 강조한 것이다. 조직의 앞날에 관한 어떤 공약보다도 좌중의 마음을 사로잡는 의지의 표현이었고 그 의지는 그가 지닌 탁월한 리더십의 한 단면이었다.

만델라가 석방되고 제대로 리더십을 발휘하기까지는 최소한 몇 개월의 적응기간이 필요하다고 생각했다. 로벤 섬(유형지와 감옥으로 사용된 섬인데 특히 정치범들이 수용되었다)의 감옥에 수감되어 있을 때에는 정기적인 면회가 허락되어서 아프리카민족회의 인사들과 접촉이 가능했다. 하지만 1988년 케이프타운에 있는 빅터버스터 교도소로 이감된 후에는 외부와의 접촉이 금지되었다. 1990년 석방되기 전인 2년 동안 바깥세상과 완전히 격리되어 있었던 것이다.

1991년 아프리카민족회의 의장으로 선출된 후, 처음으로 주재한 이사회 석상에서 만델라는 자리에 앉자마자 앞에 놓인 보고서를 읽기 시작했다. 이사 한 명이 아주 조심스럽게 말을 꺼냈다.

"지금 보시는 그 자료는 아주 중요합니다. 따라서 회의 초반에 검토하는 것이 옳을 수도 있겠습니다만 모든 이사의 의견을 수렴

하고 난 뒤 의장님이 수정하시고 다시 배포하는 것이 관례라는 걸 말씀드리고 싶습니다."

공손한 말투였지만 밑의 사람들과 함께 있던 만델라 입장에서는 모욕적으로 들릴 수 있었다. 그날 나는 만델라가 가진 탁월한 리더십의 또 다른 단면인 관용을 확인할 수 있었다. 회의 중간에 있었던 휴식시간에 그 이사의 어깨에 팔을 두르고 대화를 나누는 만델라의 모습을 봤기 때문이다. 정확하지는 않지만 알려줘서 고맙다는 인사를 하는 것 같았다. 그날 이후, 아프리카민족회의 이사회에서 의장용 보고서는 자취를 감췄다. 이사들을 회의에 더욱 집중하게 만들려는 만델라의 의도였다.

만델라는 언제나 가장 일찍 나와서 회의를 준비했다. 솔선수범 역시 그가 가진 리더십의 한 단면이라고 생각한다. 또한 리더의 지위를 내세워서 자신의 의견을 강요하지 않으면서도 무조건 남의 의견에만 따르지 않는다. 결국 그는 그만의 특별한 리더십을 지닌 지도자다(나로서는 남아공 스타일이라고 부르고 싶다).

첫 번째 민주선거를 며칠 앞두고 나는 아프리카민족회의 헌법위원회의 이사직을 사임했다. 정치인의 소임이 끝났다는 생각도 부분적인 이유이긴 했지만 곧 설립될 헌법재판소에서 법관의 소명을 다 하고 싶은 마음이 더 컸다. 정치가와 법관을 겸직할 수는 없었으니 사표를 제출하기로 결정했다. 만델라에게서 만나자는 연락이 왔다. 만델라를 상관으로서 마지막으로 보게 되는 자리였다.

당연히 그간의 노고를 치하하며 덕담을 주고받는 상황을 예상했는데 뜻밖에도 그의 얼굴에는 어두운 그늘이 드리워져 있었다. 역사의 무게를 한 몸에 짊어지고 있는 사람의 표정이었다. 그 자리에서 그는 내게 신체제 헌법의 사면조항에 관한 설명을 부탁했다. 여러모로 검토했지만 제대로 이해했는지 판단이 서지 않아 설명을 부탁한 것이다.

나는 그 조항이 무조건적인 사면을 허용하는 내용은 아니며 사면방식을 결정하는 것은 국회의 소관이니 국회가 우선 진실규명위원회를 구성한다면 그 방침에 따라 구체제의 범죄자들을 모두 청문회에 출두시켜 죄상을 확인하는 절차가 필요하다고 설명했다. 그날 그가 내 등을 토닥여주지는 않았지만 법조인의 한 사람으로서 만델라의 국정운영에 좁은 식견이나마 보탬이 될 수 있었던 기억에 지금도 뿌듯함을 느낀다.

심혈을 기울이며 모든 과정을 검토하고 고민했던 만델라가 아니었다면 남아공은 지금 혼란의 소용돌이에 휘말렸을 것이 분명하다. 물론 모든 것을 그 혼자 이뤄낸 것은 아니다. 헌법 제정에 참여한 법조인들만 수백 명에 달했다. 이와 관련해 흥미로운 일화가 하나 있다.

초안을 작성할 때 만델라는 국민투표에 참여할 수 있는 연령을 15세로 낮출 것을 강력히 주장했다. 법조인들이 18세가 국제적으로 공인된 연령이라는 사실을 내세우며 반대하자 그러면 16세로 하자고 하는 것이 아닌가. 특히 나로서는 정말 고역이었다. 헌법 제정위원회의 특사 자격으로 그를 설득하기 위해 그의 집무실을 방문한 것만 세 번이었으니 말이다. 결국 그가 항복했지만 흔쾌히 한 것은 아니었다.

시간이 흐른 뒤 만델라는 공식 석상에서 자신의 실수를 인정하고 대통령도 잘못을 저지를 수 있다는 교훈으로 삼을 것을 당부했다. 그 정도로 배려가 깊은 사람이다. 그래서 그와 자리를 함께 한 사람은 신분과 지위에 관계없이 누구나 편안해진다. 한때는 그를 미워하거나 경원했던 사람들도 이제는 이렇게 얘기하고 있다.

"우리는 만델라의 진심을 귀담아듣지 않았고 오히려 오랜 세월 동안 가뒀었다. 백 번, 천 번 우리가 잘못한 일이다."

만델라의 출중한 인품과 탁월한 리더십은 남아공뿐만 아니라 전 세계에서 수백 년을 이어져 내려온 인종 차별주의의 신화를 깨뜨렸다. 남아공 국민의 한 사람인 나는 세계인의 영웅이 된 넬슨 만델라가 매우 자랑스럽다.

알비 삭스 Albie Sachs

만델라가 대통령이었을 때 남아공 초대 헌법재판관으로 임명했다. 1994년부터 2009년까지 남아공 헌법재판관으로 활동하면서 새로운 체제의 헌법을 제정하는 작업과 민주질서 확립에 큰 기여를 했다.

10대 때부터 반아파르트헤이트 운동에 뛰어 들었고 당시 적극적으로 참여한 '악법거부운동'를 계기로 법학도의 길을 걷게 되었다. 21세에 변호사를 개업하면서 주로 아파르트헤이트 실정법을 위반한 사람들의 변론을 맡았다. 그때부터 반아파르트헤이트 운동의 상징적 인물들 가운데 한 사람이 되었다.

당시 아파르트헤이트 법률에는 범죄를 저지르지 않아도 90일 동안 구금할 수 있는 조항이 있었는데 그 조항을 악용한 정부에 의해 두 번이나 독방에 갇히게 된다. 영원히 돌아오지 않을 것을 조건으로 출국을 허락하는 바람에 영국 등에서 20년 동안 망명생활을 했다. 폭탄 사고로 한쪽 팔과 한 눈의 시력을 잃었다. 하지만 어떤 위협도, 어떤 상처도 반아파르트헤이트에 대한 그의 의지를 꺾지 못했다.

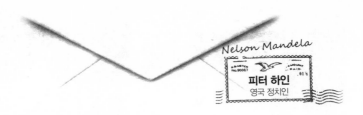

용서하되 잊지는 말자

 남아공의 행정수도인 프리토리아에서 어린 시절을 보냈는데 그때부터 만델라를 잘 알고 있었다. 부모님이 반아파르트헤이트 활동가여서 만델라는 우리 가족에게 큰 의미였다. 그 의미는 갈수록 커졌다. 1958년 당시 정부가 그에게 내란죄를 덮어씌우고 재판에 회부했을 때, 부모님은 그를 가끔씩 점심식사에 초대했다. 어머니는 법정에 마련된 백인 전용 방청석의 유일한 청중일 때가 많았다. 그때마다 만델라와 인사를 나누셨다고 한다.

 당시 만델라는 평화주의자와는 아주 거리가 먼 인물이었다. 망명을 갔다가 다시 돌아와 지하에서 무장항쟁을 준비했을 정도니 말이다. 하지만 그는 항쟁의 수위를 심사숙고했다. 테러리즘으로

가자는 의견도 있었지만 무고한 민간인까지 살상할 수는 없었다. 결국 그와 동료들은 국가기관과 군사 시설만을 공격하기로 결정했다.

다른 대안이 없었던 만델라는 총을 들어야만 했다. 아프리카민족회의는 반국가 단체로 낙인찍히고 수뇌부는 거의 전원이 투옥됐다. 오직 전쟁뿐, 다른 방법은 없었다. 하지만 그렇다고 오로지 무장항쟁 노선만을 따랐던 건 아니었다. 국제사회의 주의를 환기시켜 아파르트헤이트 체제의 남아공에 대한 다각적인 제재를 가하는 전략도 병행했다.

만델라가 세계에서 가장 두드러진 아이콘이 된 것은 그가 아주 특별한 장점을 지니고 있기 때문이다. 그의 용기와 리더십, (백인 중심의 아파르트헤이트 체제를 무지갯빛 민주체제로 바꾸는 과정에서 보여준) 탁월한 지략 등은 매우 대단했다. 하지만 그를 다른 어떤 정치가보다 돋보이게 만드는 장점은 그가 영원히 '민중의 사람'이었다는 사실이다. 지난한 역경 끝에 최고 권력자의 자리에 오른 뒤에도 민중에 대한 그의 사랑은 변함이 없었다. 그는 식당 종업원, 세탁부, 호텔 도어맨들에게도 여전히 다정하게 말을 붙였다. 외국의 리더들과 함께 한 자리에서도 마찬가지였다. 나는 그런 자리에 여러 차례 그를 수행했다. 그때마다 가슴이 뭉클했다. 나의 영웅이 세계 최고 지도자들과 어깨를 나란히 하고 있는 모습 때문만이 아니라 민중에 대한 그의 사랑이 여전하다는 걸 매번 확인할 수 있었기 때문이다.

감옥 문을 걸어 나오던 만델라. 그리고 대통령직을 수행할 때의 만델라에게서 나는 성자의 면모를 봤다. 사실 그 누구도 성자일 수는 없다. 그건 만델라도 마찬가지다. 하지만 그는 국경과 종교, 정치적 이해관계를 넘어서는 차원으로 자신을 승화시켰다. 출감한 뒤 그는 철저하게 분열된 사회를 다시 하나로 연결했다. 그것도 여느 지도자라면 감히 엄두도 내지 못할 방법으로 대통합을 이뤄냈다.

아파르트헤이트 체제는 27년 동안 만델라를 세상과 철저하게 격리시켰다. 그의 얼굴은 남아공 사람들의 기억에서 사라지고 있었다. 젊은이들은 아예 그가 어떻게 생긴 사람인지조차 몰랐다. 해외에서는 만델라의 존재를 아는 사람이 거의 없었다. 오랜 기간 구금을 통해 그의 존재감과 영향력을 소멸시키려는 계략이 성공하는 듯했다. 하지만 어느 순간부터 날이 가고 해가 갈수록 '만델라'라는 이름은 빛을 더해갔다.

1980년대에 들어서자 남아공 밖의 세계에서도 그 이름은 곧 반아파르트헤이트 투쟁의 상징이 되었다. 1988년 그의 70번째 생일을 기념하여 개최된 웸블리 콘서트에서는 만델라와 동료들의 석방을 요구하는 청중들의 구호가 음악소리보다 더 크게 울려 퍼졌다. 마침내 그가 석방되던 1990년에는 전 세계가 이미 그를 알고 있었다. 석방되는 날, 교도소 밖에는 전 세계 언론매체의 카메라들이 숲을 이루고 있었다.

초기에는 만델라에 대해 세계의 시선이 곱지만은 않았다. 영국만 봐도, 웸블리 콘서트가 열렸지만 만델라를 보는 영국인들의 시각은 통일되지 않았다. 특히 당시 대처 수상이 선봉에 선 우익보수진영에서는 그를 여전히 테러리스트로 간주하고 있었다. 실질적으로 남아공 사태는 냉전 시대, 동서 양 진영의 대리전 성격이 강했다. 당시 스칸디나비아 반도 등 몇 개국을 제외한 나머지 구미歐美 열강들은 아파르트헤이트 체제가 유지되기를 바라고 있어서 만델라와 아프리카민족회의를 지원하지 않았다. 더군다나 만델라 측이 공산진영에서 원조를 받고 있으니 어쩌면 위험한 존재로 인식하고 있었는지 모른다. 그런 부정적인 시각이 1980년대에 들어서면서 점차 긍정적으로 바뀌기 시작했다. 아파르트헤이트 체제는 분명히 잘못된 것이고 만델라는 진정한 영웅이라는 인식이 세계인들의 마음속에 자리 잡게 된다.

만델라는 리보니아 법정에서 최후진술을 할 때 "부당한 체제에 대한 투쟁의 맹세를 어기느니 차라리 죽음을 택하겠다"라는 소신을 밝혔다. 그 진술 이후로 남아공 역사에는 그의 이름이 선명하게 새겨졌다. 오랜 세월 동안 모진 옥고를 치르면서도 그 소신을 지켰다. 그래서 세계의 역사는 그를 기억한다. 비록 그의 육신은 로벤 섬의 감옥 속으로 사라져 이후 수십 년 동안 세상 빛을 보지 못했지만 그가 갖고 있던 불굴의 의지와 대의를 위한 희생정신은 민중의 기억속에 오롯이 새겨졌다. 그리고 그의 이름은 곧 반아파르트헤이트 투쟁, 나아가 모든 부당한 체제에 대한 투쟁의 상징이 되었다.

만델라가 석방되던 날의 기억을 죽을 때까지 잊지 못할 것이다. 교도소 문을 걸어 나오는 그를 각국의 언론매체들이 에워쌌으며 환호성은 그칠 줄 몰랐다. 정말 특별한 날이었다. 반아파르트헤이트 운동가들의 눈에서는 눈물이 샘솟듯 흘렀다.

그런 날이 오게 될 줄을 그 누가 알았겠는가. 그날을 위해 투쟁해왔지만 기대는 하지 못했다. 그래서 그동안의 모든 고통이 한꺼번에 해소되는 카타르시스의 순간이자 상징적이며 현실적인 지각변동의 시작을 알리는 사건이었다. 그때는 그가 대통령직에 오르기까지 4년 정도가 남아 있던 시점이었는데 그 4년은 아파르트헤이트 시절의 그 어느 4년보다 더 심한 폭력사태로 얼룩진 시기였다. 하지만 만델라가 석방되던 그 순간부터 남아공 정치판도에 지각변동이 시작된 것만큼은 분명한 사실이다.

나는 그가 자신을 가뒀던 사람들을 포용하고 아파르트헤이트 체제의 설계자 헨드릭 페르부르트의 미망인까지 만나는 모습을 지켜봤다. 처음에는 어떻게 저럴 수 있는지 놀랍다 못해 억울한 마음까지 들었다. 하지만 그 일련의 과정이 절체절명의 위기에 처한 국가를 위해서 절대적으로 필요하다는 사실을 이내 깨달았다.

변화의 필요성은 인정하면서도 변화는 받아들이려 하지 않는 백인이 너무나 많았다. 하지만 백인 입장에서는 잔뜩 빈정이 상한 데다 급변하는 상황이 두려웠으며 만델라는 여전히 민담에 나오는 괴물처럼 보였다. 그 끔찍한 테러리스트가 풀려났으니 어떤 식으로든 보복을 당할 것 같아 불안하고 초조했다. 그런데 그 괴물이, 그 테러리스트가 눈앞에서 자신들을 용서하고 화해를 청하고 있다. 전혀 예상하지 못했던 관용이었기에 과연 그것이 진심인지 초반에는 반신반의했을 것이다. 그 일말의 의심과 불안은 1995년 요하네스버그에서 개최된 럭비월드컵 결승전 개막을 알리는 함성 소리와 함께 완전히 해소되었다. 그 자리에 만델라 당시 대통령이 남아공 럭비대표팀의 마스코트인 스프링복의 유니폼에 모자까지 쓰고 등장한 것이다. 그 복장은 오랫동안 스포츠 무대에서 아파르트헤이트의 상징으로 인식된 복장이었다. 만델라가 입고 나오면서 남아공 사회는 진정으로 하나가 되는 순간이었다.

만델라가 시도한 용서의 범위가 너무 넓었다고 생각하지 않는다. 백색 중심의 아파르트헤이트에서 무지갯빛 민주체제로, 공포에서 자유와 인권으로 극적인 변화를 이끌기 위해서 반드시 필요한 조치였다. 소수 백인 엘리트가 독점하고 있던 권력을 절대 다수의 흑인 민중에게 이양하는 과정이었다. 분명 아파르트헤이트 체제에서 힘을 가졌던 사람들 입장에서는 결코 내키지 않는 일이었다. 그동안 누린 부와 지위를 쉽게 포기할 수 없었을 것이다. 그건 어느 나라, 어느 시대의 역사에서도 마찬가지다. 성급하거나 용렬하게, 또는 물리력을 동원해서 그 과정을 강행하려 했다면 상당히 심각한 유혈사태, 나아가 전면적인 내전이 일어났을지 모른다. 대안은 오직 하나, 평화적 협상뿐이었다. 그리고 그 협상을 성공으로 이끌 수 있는 인물은 오직 만델라 한 사람뿐이었다.

용서의 과정을 통해 만델라의 세계적 위상은 더욱 높아졌다. 석방된 만델라의 행보는 세상 사람들을 놀라게 하기에 충분했다. 그들의 놀라움 속에는 의심도 섞여 있었다.

'그 자신, 그의 조직, 그의 민중, 그리고 세계 각지의 반아파르트헤이트 운동가들에게 오랜 세월 동안 온갖 가혹행위를 한 사람들을 만델라가 용서할 수 있는가? 무고한 사람들을 죽이고 고문하고 감금한 범죄자들을 만델라는 진심으로 용서한 것일까? 과연 만델라는 인간의 한계를 뛰어넘는 관용과 리더십을 갖춘 인물인가?'

만델라는 그 모든 의문에 대한 대답을 행동으로 보여줬다. 그 결과, 남아공에 있던 백인들은 물론 전 세계가 그의 초인적인 관용과 리더십을 인정했다. 자신이 베푼 용서를 통해 더욱 위대한 인물로 부각된 것이다.

그렇다고 해도 '용서하는 것과 잊는 것은 다르다. 나는 용서하되 잊지는 않는다'라는 만델라의 말을 기억해야 한다. 특히 세계 각지의 반체제 운동가들은 반드시 가슴에 새겨야 할 교훈이다.

만델라가 심사숙고 끝에 결론을 내린 것처럼, 무장항쟁으로는 아프리카민족회의가 아파르트헤이트 체제를 전복시킬 수 없었다. 마찬가지로 아파르트헤이트 체제도 아프리카민족회의를 해산시키거나 압박하기가 곤란한 상황이었다. 내전이 발발하면 어느 쪽도 승리를 장담할 수 없었다. 지금 내전을 벌이고 있는 이스라엘과 팔레스타인도 이런 점을 고려해야 한다. 결국 양측 모두 패배자가 될 것이 너무도 분명한 유혈충돌 대신 평화로운 협상을 통해 해결책을 찾을 필요가 있다.

협상을 하기 위해서는 미운 사람, 죽이고 싶은 사람과도 마주 앉아야만 한다. 공동의 이익을 위해, 나아가 국가와 국민의 미래를 위해 그 모든 부정적인 감정을 억제해야 한다. 결코 쉽지 않은 일이다. 하지만 만델라는 해냈으며 우리는 만델라 덕분에 하나의 롤 모델을 갖게 되었다. 이념, 종교, 정치를 초월한 그의 관용과 리더십은 세계사의 여러 페이지를 화려하게 수놓았다.

아직도 만델라와 아프리카민족회의가 좀 더 현실적인 양보를 받아낼 필요가 있다는 의견이 있다. 당시 상황에 주목해보자. 소수 백인 엘리트들이 여전히 경제를 장악하고 있었다. 협상 테이블에서 그들을 무리하게 추궁했다가는 인적, 물적 자원이 국외로 대거 빠져나가는 사태가 발발할 가능성이 매우 높았다. 협상의 수위를 결정하기가 아주 까다로웠던 상황이었다. 무엇보다도 혁명을 통해 항복을 받아내는 자리가 아니라 대화를 통해 승복시켜야 하는 자리였다. 그래서 나는 아프리카민족회의 수뇌부의 양보가 적절했다고 생각한다.

물론 불만을 토로하는 사람들도 인정한다. 민중들의 삶이 실질적으로 나아지지 않은 현재 남아공 사회의 실상을 감안할 때 지극히 당연한 불만이다. 새로운 헌법에 의해 자유와 인권은 보장받았지만 여전히 빈곤에서 나오지 못하고 있으니 그 탓이 협상 당사자들에게로 돌아가는 것이다.

그나마 만델라가 있었기 때문에 현재 남아공은 이만큼이라도 민주적으로 움직이고 있는 것이다. 만델라의 관용과 리더십이 없었다면 남아공의 상황은 지금보다 백 배, 천 배 더 심각했을 것이 뻔하다.

최측근들마저 만류하는 조치들을 단행하여 아파르트헤이트 체제에서 민주체제로 전환되는 과정을 무리 없이 성공시킨 만델라를 잊으면 안 된다. 그가 없었다면 그 과정이 결코 순탄치 못했을 것이다. 어쩌면 불가능했을 수도 있었다. 물론 폭력, 부정부패 등 아직 해결할 문제가 많다. 특히 백인들이 여전히 경제를 장악하고 있는 상황에서 정권만 민주체제로 바뀌었다는 현실이 지금 남아공 사회의 가장 큰 문제점이다. 새로운 흑인 엘리트가 일부 형성되었지만 부의 분배는 여전히 미미한 실적이다.

그러므로 만델라 이후 새롭게 등장한 체제의 주역들은 경제구조에 바람직한 변화를 불러일으키는 과업을 수행해야 한다. 늙은 사회주의자의 해묵은 타령이라는 지적을 무릅쓰고 내 의견을 말씀드리자면 시장경제체제는 유지하되 국민 모두에게 혜택을 나눠줄 수 있는 획기적 정책이 절대적으로 필요하다.

피터 하인 Peter Hain

케냐에서 태어나 아주 어렸을 때 남아공으로 건너갔다. 어렸을 때부터 부모와 함께 남아공의 흑인 빈민촌을 자주 방문했다. 당시에는 백인들이라면 엄두도 내지 못할 일이었다. 부모의 진보적인 정치의식은 아들에게 고스란히 대물림되어 10대 때부터 반아파르트헤이트 운동에 적극적으로 참여했다. 놀랍게도 그는 백인이다.

당시 남아공 정부가 너무 괴롭히자 영국으로 이주했지만 그곳에서도 반아파르트헤이트 투쟁은 계속됐다. 그러자 그의 집에 편지 폭탄이 오기도 했다. 다행히 불발탄이었지만.

1970년대에 들어서자 점차 좌경화가 되어 당적도 진보당에서 노동당으로 옮겼다. 1991년 국회의원에 당선된 후부터 정부 요직을 두루 거쳤다. 한 정치평론가는 그를 다음과 같이 평가했다.

"국회에 그와 같은 인물이 더 많았으면 한다. 그 선동가가 설사 입을 다물고 있을 때도 존재감은 배경과 두뇌를 자신하는 후배 의원들을 압도한다."

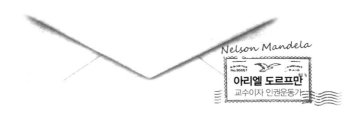

'만델라'라는 등대

지난 20세기는 죄 없는 목숨을 무수히 앗아간 전쟁과 반인류적 범죄로 점철된 시기였다. 독재정권이나 부당한 체제에 억눌려왔던 민중들의 분노가 한꺼번에 분출되었다. 그러면서 그 분노가 전 세계 양심의 소리와 어우러져 도도한 물줄기를 형성했다. 그 물줄기는 현재까지 이어져 아랍의 봄을 꽃피웠고 얼어붙어 있던 중국 사회를 녹였다. 그런 과정을 거치면서 자연스럽게 어우러진 반식민주의 운동세력과 민주화세력의 정점에 만델라가 있다. 어쩌면 암울했던 시대 중에서도 가장 민감한 때를 대표하는 인물이라고도 할 수 있다.

만델라처럼 기존 체제를 무너뜨린 지도자들 가운데 민주체제를 건설한 또 다른 인물은 없다. 보통 전장이나 망명객으로 떠돌았던 인물들, 감옥에서 모진 고초를 겪은 인물들 대부분은 겪은 세월이 앙금으로 남아 있어서 정권을 잡아도 국민 통합을 전제로 새로운 질서를 수립하려고 하지 않는다. 구체제의 주역들은 오직 복수의 대상일 뿐, 결코 '우리'로 받아들일 수 없는 것이다. 하지만 만델라는 달랐다. 전쟁 대신 평화를, 복수 대신 화해를 선택했다. 초인적인 차원의 관용과 리더십을 발휘해서 지극히 평화스럽게 부당한 체제를 무너뜨리고 민주체제를 수립했다. 따라서 그는 반체제 운동의 선봉이었을 뿐만 아니라 미국 독립전쟁과 프랑스 시민혁명에 뿌리를 두고 있는 민주화운동의 기수였다. 그의 발자취를 통해 우리는 가장 바람직한 체제 교체, 즉 평화적인 민주체제 수립의 당위성과 가능성을 확인할 수 있었다.

만델라는 혁명, 그리고 그에 따른 시련 자체인 삶을 살았다. 그는 두 눈을 크게 뜰 줄 아는 사람이었다. 우리도 그처럼 두 눈을 크게 뜰 수 있을까? 없을 것이다. 하지만 감지 않을 수는 있다. 가늘게라도 눈을 뜨고 그가 받아들인 빛줄기의 일부라도 우리의 영혼에 비춰지게 해야 한다. 만델라는 늘 정치적 판단을 해야 했지만 그렇다고 그가 남긴 역사의 판단을 무조건 따를 필요는 없다. 그 역시 인간이었고 따라서 얼마든지 착각했거나 실수도 했을 것이다. 그와 관련해서 우리는 비난할 수 있고 또한 그래야만 한다. 그것이 민주주의이고 진정으로 공정한 사회 아닌가. 다만 그 비판에는 증오가 있어서는 안 된다.

'만델라'라는 인물 자체도 대단히 비범하지만 그의 삶에 일어난 일들도 아주 특이했다. 특히 감옥생활이 그랬다. 국내에서 활동하는 혁명투사는 검거되지 않기 위해 하루의 절반은 지하에서, 나머지 절반은 변장을 하고 지내야 했다. 국외로 망명했다고 해도 당국의 눈초리를 피해야 하는 건 마찬가지다. 어떤 식으로든 적과의 접촉은 금물이다. 반아파르트헤이트 운동가들의 경우도 마찬가지였다. 하지만 만델라는 몇십 년 동안 적들과 접촉했다. 아니, 아예 함께 살았다는 표현이 더 적절할지 모르겠다. 로벤 섬에 있는 감옥에 갇혀 있었으니 말이다.

기나긴 옥고를 치르는 동안 그는 자신의 신념과 인간으로서의 존엄성을 지키기 위해 거의 매일 적들과 담판을 벌여야 했다. 그 과정 속에서 만델라는 그들 역시 인간이며 따라서 그들의 행동과 사고방식에는 나름의 고충과 이유가 있다는 사실을 깨달았다. 어쩌면 아파르트헤이트의 가장 굳건한 요새로 망명을 한 셈이다. 그곳에서 적들과 함께 30년 가까운 세월을 보냈고 결국 살아서 걸어 나왔다. 가상의 희곡에서도 설정하기 힘든 상황을 실제로 겪은 인물이다. 그래서 나는 그 특이한 경험에 주목했다. 그 과정을 통해 만델라의 인격이 완성됐다고 생각한다. 국내에서나 망명지에서 활동했던 아프리카민족회의 다른 지도자들과는 전혀 다른 그의 경험과 석방된 후의 행보를 연관해 생각하는 사람은 그리 많지 않은 것 같다. 하지만 교도소 문을 나설 당시 만델라는 이미 적들을 철저히 파악한 상태였다는 것은 분명한 사실이다. 결국 감옥에 있었던 27년이 여러 면에서 우리가 알고 있는 만델라로 부각시키는 결정적인 역할을 했던 것이다.

이렇게 위대한 만델라가 요즘은 한쪽 면만 회자되고 있는 것 같다. 사실 만델라는 아프리카민족회의의 치밀한 계획에 의해 전설로 포장됐다. 오늘날의 신화가 된 건 철저한 기획이었다는 뜻이다.

보통 투쟁과정에서 '전설'이 갖고 있는 가치는 매우 대단하다. 아파르트헤이트 체제에 투쟁할 당시에는 전설이 필요한 상황이었다. 투쟁의 구심점求心點으로 말이다. 그렇다고 아무나 전설로 만들 수는 없었다. 그래서 아프리카민족회의는 만델라를 내세웠던 것이다. 인격으로나 리더십으로나 전설이 되기에 완벽한 조건을 갖춘 인물이기 때문이다. 그 필요성을 절감한 만델라도 그 과정을 방관하거나 때론 협조했다.

그의 회고록을 보면 후반부에 '나는 전설의 일부가 되고 싶지 않다'는 내용이 나온다. 한 번의 임기만을 마치고 대통령직에 물러난 것도 그래서였다. 그가 원했다면 두 번, 아니 영원히 그 자리에 머무를 수 있었지만 자신의 전설에 종지부를 찍고 싶었던 것이다. 평범한 인간으로 돌아가 주변 사람들과 함께 울고 웃으며 살다가 생을 마감하고 싶었는지 모른다. 떠날 때를 아는 자의 아름다운 결단이라고 할까?

따라서 만델라의 어느 한 면모面貌만을 놓고 왈가왈부하는 것 자체가 올바른 세상에 대한 그의 깊은 신념을 제대로 이해하지 못한 결과이다. 만델라는 다각적인 의견을 통해 서로를 이해하는 세상을 원했다. 그래서 '새로운 남아공'은 무지개 국가를 표방하면서 다양한 색깔, 다양한 개성, 다양한 가능성을 지향하는 사회가 되었다.

아파르트헤이트 체제에서 사안을 결정할 때 그 기준은 '흑백'이었다. 그런 체제는 정부에 대항하는 사람을 만나면 '우리 편이 되어 편하게 사는 대신 말은 잘 들어야 한다'면서 유혹한다. 그래서 끔찍한 시련을 겪은 피해자가 가해자를 닮아가는 경우를 자주 보는 것이다. 그런 유혹을 단호히 뿌리친 만델라도 자신을 포장하는 전설은 어떻게 하지 못했다. 의지로서 해결할 수 없음을 이미 알고 있었다.

만델라는 이제 세상을 떠났지만 그가 남긴 유산을 두고 현재 많은 논란이 발생하고 있다. 그의 전설을 포장하고 퍼뜨리는 일에 누구보다 열심이었던 사람들이 그 전설을 깨뜨리는 일에 앞장서는 경우도 있다. 야속하지만 세상일이라는 게 다 그런 것 아닌가.

만델라 측에서도 만델라의 개인적 역사가 남긴 진정한 유산, 직접 글로 남긴 기록으로 그의 본모습을 확인하도록 해줘야 한다. 하지만 사람들은 실재보다 전설을 더 좋아한다. 그 전설을 어떤 식으로든 유용하려는 사람들은 더욱 그렇다. 개인적으로 그런 현상에 대해 걱정이 많다. 인간은 누구나 다양한 면모를 지니고 있다는 사실을 모쪼록 더 많은 사람이 인식하고 전설 속에 묻혀 있는 만델라의 실체를 확인하는 노력을 기울이길 바란다. 앞으로도 계속 만델라를 전설로만 인식하면 그의 사소한 실수조차 용납하지 못할 것이다. 만델라는 사람의 한계를 뛰어넘는 업적을 이뤘다. 그래도 그 역시 초인이 아니라 인간이다.

사실 나는 그런 그가 더욱 존경스럽고 감사하다. 우리와 똑같은 인간이 그런 일을 할 수 있다는 사실을 만들었고 그 사실을 보면서 우리에게도 또 다른 기회가 있을 수 있다는 가능성을 보여줬으니까.

아파르트헤이트 체제의 주역들을 끌어안기에 급급했던 나머지 민중의 기대를 저버렸다는 비난이 지금 남아공에서 높아지고 있다. 여기서 잠깐, 내 개인적인 이야기를 사례로 들겠다.

내가 쓴 희곡이 칠레에서 처음 무대에 올랐을 때 다음 날 바로 혹평이 쏟아졌다. 칠레 역사상 최악의 작품이라는 글까지 봤다. 하지만 현재 그 연극은 미국에서 절찬리에 순회공연 중이다. 그 작품이 성공적인 평가를 받은 어느 날, 칠레 대통령을 만난 적이 있다. 그 자리에서 대통령은 다음과 같이 말했다.

"당신이 하는 일을 충분히 이해하고 인정합니다. 내가 할 일이 있고 당신이 할 일이 있습니다. 대통령으로서 나는 나를 감옥에 가두고 고문했던 사람들과 악수를 나눠야 합니다. 반면에 당신은 글로 그들을 응징해야 합니다."

그렇다. 부당한 체제에서 민주체제로 전환되는 과정에는 각자가 해야 할 역할이 있다. 만델라의 경우, 통합의 범위를 최대한 넓히는 것이 역할이었다. 그래서 응징 대신 전폭적인 용서를 선택한 것이다. 아울러 그 과정을 통해 인류에게 강력한 메시지를 전달하고 있다.

'증오는 상대방이 아니라 자신을 파멸시키는 독약이니 자신을 위해서라도 용서해야 한다. 용서는 정치적 이익을 위한 전략이 아니라 영혼을 위한 전략이다.'

당시 남아공에서는 누군가 그 역할을 담당해야 했다. 현실적으로 그 역할을 제대로 수행할 수 있는 인물은 만델라밖에 없었다.

만일 내가 만델라와 같은 상황이었다면 친구들을 죽이거나 고문한 자, 사람들을 조국에서 쫓아낸 자, 가정을 파괴한 자들을 결코 용서하지 않았을 것이다. 그들과 같은 공간에 있는 것만으로도 온몸이 마구 떨리니 내게는 불가능한 일이다. 하지만 만델라는 용서했다. 그래서 그가 더욱 대단하다고 느낀다.

솔직히 말해 만델라가 간디나 마틴 루터 킹과 같은 반열이라고 생각하지 않는다. 그는 한 나라를 이끌어야 하는 정치가이니 아무래도 다를 수밖에 없다. 원수를 용서한 것도 부분적으로는 정치적인 동기가 강하다. 정치적으로 결정하는 과정에서 만델라는 구체제의 사람들도 인간이니 거듭날 수 있는 기회가 필요하다는 것을 깨달았다. 그가 했던 용서와 화해의 가장 큰 동기는 인류애였던 것이다.

나는 정말로 어쩔 수 없는 경우, 이를테면 협상 같은 상황이 아니라면 적과 자리를 함께 할 수 없다고 생각하는 사람이다. 그런 경우라도 상대방이 진심으로 뉘우치면서 과거의 잘못을 되풀이하지 않겠다는 의사를 분명히 할 때만 가능하다. 만일 협상 테이블에 앉았는데 아파르트헤이트 주역들이 흑인들에 대한 편견과 기득권에 대한 미련을 버렸다는 믿음이 들지 않으면 자리를 박차고 일어날 것이다. 다른 누구라도 마찬가지라고 생각한다. 그런데 만델라는 역시 보통 사람과 차원이 달랐다. 자신을 죽이려 했던 자들을 용서하고 그들의 요구를 대폭 수용했다.

만델라가 상대방의 비위를 맞추기 위해 자신의 원칙을 어겨가며 민중의 신의와 기대를 저버렸다고 비난하는 사람들은 쿠바에 대한 그의 자세를 상기해야 한다. 새로운 남아공의 실질적인 이익은 물론 이미지 관리를 위해 쿠바와의 관계 단절을 종용하는 주변 사람들에게 다음과 같이 말했다.

"힘들었던 시기에 그들은 우리를 도와주었습니다. 그러니 그들에게 등을 돌리지 않을 것입니다."

순간의 이익에 흔들리지 않고 신의와 원칙에 따라 행동하는 그의 진면목을 확인할 수 있는 대목이다.

만델라는 분명 협상 테이블에서도 선을 확실하게 그었을 것이다. 그 누구보다 반대편에 마주 앉은 적들이 그 점을 분명히 인식했다고 생각한다. 지금보다 100년이 흐른 뒤에는 아무도 만델라의 선택을 비난하지 않을 것이다. 다만 현실을 사는 우리들, 그 협상의 결과에 많은 기대를 품었던 우리들은 눈앞의 손실감 때문에 만델라의 참모습을 제대로 보지 못하고 있을 뿐이다. 그러는 바람에 용서 대신 정의를 주장하고 아파르트헤이트 체제의 범죄자들을 처벌해야 한다는 사람들이 나타난다.

사실 그 부분은 대단히 까다로운 문제다. 사람마다 윤리적인 기준이 다르고 공동의 미래 건설이라는 대의명분과 상충되는 바람에 그 처벌이 쉽지 않다. 당한 만큼 되갚아줘야 응어리가 풀린다는 피해자들도 있으니 처벌의 수위를 정하기도 쉽지 않다. 나는 다른 무엇보다 진실이 우선되어야 한다고 생각하기 때문에 진상을 조사하는 작업부터 철저하게 선행되어야 한다고 본다.

아들을 잃은 어머니의 상처를 아물게 만드는 방법은 없다. 죽은 아들이 살아나는 것만이 유일한 방법이지만 다시 살릴 수 없고 과거로 돌아갈 수도 없다. 그러므로 그런 비극이 결코 되풀이 되지 않을 세상을 만들고 아이들에게 대물림되지 않도록 노력하는 자세가 지금 우리가 할 수 있는 최선이다. 우리의 해결책이자 궁극적 목표이며 또한 올바른 사회를 위한 정의다.

물론 현실적으로 그 어머니를 위한 정의라고는 말할 수 없다. 아들의 복수가 이뤄질 때까지 그녀는 계속해서 정의를 외칠 것이며 아들을 죽인 자들의 목숨을 요구할 수도 있다. 심정적으로는 충분하게 공감이 가지만 안타깝게도 어머니의 요구는 실현되기 어려운 상황이다. 그래서 간접적인 또는 상징적인 처벌을 제안해 본다. 법정이든, 청문회든 불러 세워서 죄를 깨닫고 스스로를 단죄하게 만든다면 우리는 정의와 용서 사이에서 갈등할 필요가 없다. 하지만 그건 내 바람일 뿐 현실에서는 그런 일이 거의 일어나지 않고 있으니 안타까울 뿐이다.

대의를 위해서는 희생양이 불가피하다는 이야기로 해석하지 않았으면 좋겠다. 간접적인 처벌을 해도 충분하지 않다면 반발할 피해자는 많다. 사실 반인류적 범죄자들을 무조건적으로 용서하고 그 죄상을 잊어버려서는 안 된다. 진실을 외면하는 행위다. 과거의 진상이 알려질수록 현재와 미래의 전망은 밝아진다. 하지만 현실적인 문제는 대규모로 자행된 범죄를 효율적으로 처결할 방법이 없다는 것이다. 잘못된 체제라도 어떤 식으로든 관련이 있거나 협조한 사람의 숫자는 엄청나다. 그들 모두를 감옥에 보내기는 불가능하다. 이와 관련해서 친구인 투투 대주교의 의견에 공감한다. 윤리적으로 용서받을 자격이 없는 사람을 용서하려면 가해자와 피해자 간에 사적으로 해결하려는 시도가 있어야 한다는 의견이었다.

국가는 국민 전체를 위해 용서할 수 있다. 제3자들도 평화로운 미래를 위해 용서할 수 있다. 하지만 직접 당한 피해자의 경우는 다르다. 가해자가 적극적으로 용서를 구하고 충분한 보상을 하려고 노력해야 한다.

한 노인이 있다. 노인의 아들과 며느리는 아파르트헤이트 관계자에게 살해당했다. 현재 노인은 자식 내외가 남긴 어린 손자와 살고 있다. 아들을 죽인 원수를 어렵게 만난 자리에서 노인은 말했다.

"내가 죽고 나면 이 어린아이를 누가 돌보겠소? 그게 제일 큰 걱정이오."

그러자 그 원수가 진심으로 용서를 구한 뒤 말한다.

"제가 집으로 데려가서 돌보겠습니다. 최선을 다해 보살피겠으니 염려 마십시오."

바로 그것이 해결책이다. 가해자들이 과거를 진심으로 뉘우치고 최선을 다해 보상하려는 자세를 가질 때 비로소 진정한 화해가 이뤄지고 나아가 세상은 좀 더 살기 좋은 곳으로 바뀐다.

종교에 호소할 수밖에 없는 경우도 있다. 아파르트헤이트 관계자에게 아들을 잃은 한 어머니의 이야기를 들은 적이 있다. 그 어머니는 하루도 빠지지 않고 현관 앞에서 아들의 발자국 소리가 들린다고 한다. 아들의 혼령이 엄마를 찾아온다고도 한다. 이런 상황에서는 종교적인 기도가 아니고서는 그 어머니의 영혼을 위로할 방법이 없다.

이제부터 우리가 할 일은 그런 비극이 다시 되풀이되지 않을 미래를 위해 각자가 최선을 다하는 것이다. 마음만 단단히 먹으면 그리 어려운 일도 아니다. 또한 (이미 고인이 되었지만 그래도 역사에 남은) '만델라'라는 등대가 있지 않은가.

아리엘 도르프만 *Ariel Dorfman*

교수이자 작가이며 인권운동가이다. 아르헨티나 부에노스아이레스에서 태어나 칠레로 이민을 간 뒤, 22살에 대학교수가 되었다. 1970년에는 살바도르 아옌데 대통령 정부의 문화 보좌관으로 임명됐다. 그러나 피노체트의 쿠테타가 성공하면서 아옌데 당시 대통령은 처형당했고 지인들 중에서도 실종되거나 옥고를 치른 사람이 많았다. 대통령궁에 나가지 않아서 화를 면했던 그는 곧장 망명길에 올라 집필에 집중하면서 인권운동가로도 활동했다.

한 잡지와의 인터뷰에서 자신의 작품세계를 다음과 같이 설명했다.

"내 작품 속의 주인공들은 대부분 유령처럼 살아간다. 전체적으로 보면 약간 비현실적이다. 하지만 우리는 죽은 자들에게 보상을 해야만 한다. 우리가 살아있는 건 그들의 희생 덕분이니 말이다."

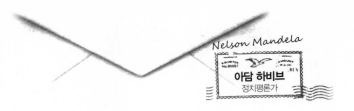

변화의 문은 이미 열렸다

　내가 고등학교에 진학한 1980년은 아직 아파르트헤이트 체제의 시기였다. 새 학기가 시작되자마자 전국의 학교가 일시적으로 문을 닫았다. 웨스턴케이프, 콰줄루나탈, 현재의 가우텡 지역 학생들이 주축이 되어 등교거부운동을 벌인 것이다. 그때 나는 조국의 정치적 현실에 눈을 떴으며 아파르트헤이트 체제에 맞선 영웅들에 관한 소식을 구체적으로 접하게 되었다. 당시 학생들에게 가장 잘 알려졌던 반체제 인사는 만델라와 스티브 비코였다. 당시 나는 정치적으로나 철학적으로 서로 다른 두 사람의 투쟁 차이점은 뚜렷하게 이해할 정도는 아니었다. 대신 각각 옥고를 치르는 투사와 목숨을 바친 투사의 대명사라는 사실만은 알게 되었다. 그들의 시런이 곧 우리 모두의 비극이라는 사실을 비로소 깨닫고 울컥했던 기억이 새삼 새롭게 느껴진다.

만델라가 석방되던 날, 나는 그 장면을 텔레비전에서 봤다. 내가 알고 있던 세상이 근본적으로 변하고 있다는 생각이 뇌리를 스쳤다. 이제 과거와는 영영 이별이라고 생각했다. 최소한 과거보다는 나을 미래를 향해 전진하는 길뿐이었다. 물론 그 대열의 선두에 만델라가 있을 것이라는 사실은 믿어 의심치 않았다.

그때까지 내가 상상했던 만델라의 이미지는 붉은 별이 그려진 베레모를 쓰고 오른손에 AK-47 소총을 들고 있는 모습이었다. 그런데 교도소 문을 걸어 나오는 만델라는 전혀 달랐다. 물론 여전히 혁명투사인 것은 맞다. 다만 총 대신 대화를 무기로 삼은 차이만 있을 뿐이다.

만델라에 의해 남아공에 혁명이 일어났다. 하지만 그 혁명에 의해 탄생한 새로운 정권 역시 자본주의 체제를 지향하고 있다. 아파르트헤이트 체제의 경제질서가 고스란히 유지되고 있는 것이다. 민중들이 가난에 허덕이고 있는 현실은 과거와 다를 바가 없지만 사회와 정치 부문에서는 많은 게 달라졌다.

흑인도 대통령이나 재무장관이 될 수 있는 사회가 되었다. 미스 남아공도 될 수 있다. 20년 전, 30년 전에는 꿈도 꿀 수 없었던 일들이 이제는 지극히 당연해졌다. 바닷가를 거닐다 벤치에 앉았다가는 큰 봉변을 당하던 시절도 있었지만 이제는 벤치에 누워 잠을 자도 뭐라고 하는 사람이 없다. 수영을 해도 된다!

30년 전 흑인들이 대학 캠퍼스에 들어가려면 교육부 장관에게 특별 허가증을 발급받아야 했다. 하지만 이제 나 같은 흑인이 한 대학의 부총장이 될 정도가 되었다. 세상이 참으로 많이 좋아진 게 아닌가? 따라서 근본적인 변화가 없다고 비난하는 사람들은 끔찍했던 과거를 모르거나 까맣게 잊어버린 것이다.

물론 아직도 남아공의 현실은 충분히 개탄스럽다. 21세기인데도 사람들이 콜레라로 죽고, 아프리카에서 가장 부강한 나라의 국민들 상당수가 기아에 허덕이고 있다. 나도 그 모든 게 1994년 남아공 흑백 엘리트들 간의 협상 탓이라는 비난을 부분적으로 수긍한다. 그렇다고 해도 남아공 사회에 근본적인 변화가 일어났다는 사실은 부인할 수 없다. 다만 우리가 갈망했던 사회가 다 이뤄지지 않았을 뿐이다. 시간이 좀 더 필요하다.

만델라를 생각하면 존경과 유감, 놀라움이 공존한다. '존경'의 시각으로 보면, 만델라는 역사의 오류를 바로 잡는 새로운 방식을 인류에 가르쳐줬다. 나는 그 방식을 '산 자들을 위한 정의'라고 표현한다. 우리와 후손들이 함께 살아가야 할 현재와 미래의 평화를 위해서는 반인류적 범죄를 저지른 집단까지 포용해야 한다는 것이 '산 자들을 위한 정의'다. 만델라는 그 정의를 실현하여 화해의 상징이 되었다.

다음 '유감'의 시각으로 보면, 만델라와 그의 후계자들이 지극히 보수적인 경제정책을 채택한 실수 때문에 경제적 불평등이 심화되었다. 그들 역시 인간이니 보통 사람들처럼 치명적인 실수로부터 자유로울 수는 없긴 하겠지만.

마지막 '놀라움'으로 보면, 만델라는 한 국가의 대통령 지위를 미련 없이 내려놓았다. 정치인 입장에서 실질적인 권력을 포기한다는 건 결코 쉬운 일이 아니다. 더구나 그는 남아공에서 누구도 필적할 수 없는 기반을 쌓아올린 정치인이라 얼마든지 연임할 수 있었다. 만일 그가 원했다면 종신 대통령도 가능했을 것이다. 그런데도 그는 4년간의 임기를 마친 뒤 권좌에서 스스로 물러났다. 하지만 정치적인 권력을 포기한 대가로 그는 세계의 아이콘이 되었다. 이 세상 그 어느 정치인보다 더 높은 지위에 올라섰다고 할 수 있다. 토니 블레어도, 조지 부시도 각료회의를 주재하고 있다가 만델라에게 전화가 오면 회의를 중단하고 그 전화를 받았다는 이야기는 잘 알려진 사실이다. 세계 최고의 권력자들에게 그런 대우를 받을 수 있는 인물이 과연 몇 명이나 되겠는가?

만델라가 협상 테이블에서 지나치게 양보한 나머지 민중의 기대를 저버렸다고 하는데 (다른 협상과 마찬가지로) 그 협상 과정과 결과에도 긍정적인 측면과 부정적인 측면이 있다. 우선 정리하자면, 평화 혹은 국민대통합이라는 명분에 집착한 나머지 실질적인 측면을 너무 소홀히 다뤘다는 점은 분명히 지적하고 싶다.

물론 협상 결과, 남아공의 흑인 민중들이 마음껏 숨을 쉴 수 있는 환경이 확보되고 공동의 유익을 위해 아파르트헤이트 체제의 주역들을 품에 안은 것도 이성적으로는 칭찬할 만한 일이다. 하지만 부당한 체제에서 그들이 누렸던 혜택을 고스란히 유지하도록 허락한 결정은 확실히 지나친 부분이 있다. 백인들의 자산이 해외로 대거 유출되는 사태는 막을 수 있었지만 부의 재분배가 실질적으로 이뤄지지 않았기 때문에 흑인들 대부분을 포함한 빈곤계층의 국민들 입장에서는 박탈감, 그에 따른 분노를 느낄 수밖에 없다. 더 나은 삶을 기대하며 과거를 용서했지만 그 기대가 무참히 깨져버렸으니 옛날의 원한이 되살아나게 된 것이다.

'이건 불공평하다. 우리는 변화를 위해 싸웠다. 하지만 우리가 맞서 싸웠던 자들이 그 변화의 혜택을 독차지하고 있다.'

말하자면 이런 논리인데, 그 점에서 보자면 협상 결과는 지극히 부정적이다. 하지만 협상이 이뤄지지 않았다면, 그 협상을 만델라가 주재하지 않았다면 남아공의 상황은 지금보다 훨씬 심각했을 것이다. 정치적으로도, 경제적으로도 위기가 닥쳤으리라 본다.

만델라의 결정으로 남아공에는 새로운 사회, 새로운 질서가 들어섰지만 남아공 흑인 대부분은 그 '새로움'의 혜택을 누리지 못한 반면 혹독한 대가만 치르는 것처럼 느껴질 수 있다. 그렇다고 만델라에게 비난의 화살을 돌려서는 안 된다. 협상 과정에서 만델라가 취했던 조치가 미진했다는 지적은 타당하게 들리지만 그때 당시 무리하게 밀어붙였다가는 쿠데타가 일어날 가능성이 매우 높았다. 최소한 유혈 충돌의 상황은 각오해야 했다.

2014년 현재, 남아공은 문제점이 많지만 이스라엘과 팔레스타인, 소말리아 내부상황과는 확연하게 다르다. 우리는 그 점을 기억해야 한다. 1980년대 후반의 긴박했던 상황을 감안하면 이 정도가 다행이라는 생각이 든다.

만델라가 남아공 역사에 공헌을 했는가? 그렇다. 우리에게 숨쉴 수 있는 공간을 마련해줬다. 그렇다면 그 과정에 전혀 부작용이 없었나? 아니다. 아주 심각한 부작용들이 있었다. 그 가운데 일부는 현재까지도 우리 삶에 암울한 그림자를 드리우고 있다. 특히 아파르트헤이트 체제에서 가혹행위를 자행한 사람들을 거의 무조건적으로 용서한 것은 잘못됐다고 본다. 용서할 수 있는 사람이 있다면 그렇지 않은 사람도 있는데 무조건 용서라니….

나는 아버지가 살해당한 자녀들에게 그 살인자를 용서하라고 강요할 수 없다. 그건 도덕적으로 옳지 않다. 정치적으로도 마찬가지다. 피해자들에게 국가를 위해 (국가의 방침을 무조건 따르는) 선택을 하라고 요구할 수 없다. 단도직입적으로 말하자면 피해자가 개인의 입장에서 무조건 용서하는 것은 반대다.

반면 피해자 집단의 입장에서는 가능할 수 있다. 대신 전제조건이 있다. 바로 교육이다. 과거의 잘못을 용서하는 과정을 국민 모두에게, 특히 자라나는 세대들에게 자세히 가르치는 교육을 말한다. 교육 없이는 과거의 그릇된 역사 속에서 교훈을 얻지 못하며 나아가 바람직한 사회를 건설할 수 없다. 국가와 국민의 미래를 위해서라면 부와 권리의 재분배나 가해자들의 배상범위와 같은 사안들에 관해서는 얼마든지 타협이 이뤄질 수 있다. 하지만 가해자나 가해 집단이 저지른 반인류적 범죄행위들, 그리고 그 행위들을 용서하고 화해하는 과정은 반드시 역사에 기록되어야 하며 그 기록을 체계적으로 가르쳐야 한다. 공동의 미래를 위해 타협의 필요성을 납득하지 못한다면 복수는 계속될 것이며 분열의 상처도 영원히 아물지 않을 것이다.

하지만 평화를 위해 정의의 칼날을 접는 선택은 누구의 몫일까? 피해자 개개인에게 그 선택을 강요할 수는 없다. 부당한 체제 때문에 부모를 잃은 아이에게 국가의 앞날을 위해 복수심을 접으라고 말할 수 없다. 인간의 영혼이 감당하기에는 무리한 요구이지 않은가. 사실 요구하는 것 자체가 부당하다. 그러나 아파르트헤이트 체제에 의해 피해를 입은 민중에게는 평화를 위해, 모두의 미래를 위해 복수를 접는 용기를 부탁할 수 있다. 그렇지 않으면 우리는 영원히 비극의 쳇바퀴에서 헤어 나오지 못할 것이다.

만델라도 한 인간이지만 평화를 위해 정의의 칼을 접었다. 그래서 나는 그가 더욱 위대하다고 생각한다. 하지만 평화가 전부는 아니다. 선택에는 양면적인 결과가 반드시 따르는 법이다. 내전을 모면했다는 점에서 그 평화는 긍정적이며 모두 패배하게 될 결말을 피했으니 모두를 위해 정말 잘된 일이지만 그 평화로 인해 과거의 가해자들이 독점적으로 누렸던 혜택을 고스란히 보전받은 것은 잘못된 일이다.

만델라도 당시에 이러한 점을 알고 있었지만 70세가 넘어 대통령이 된 그에게 주어진 시간은 많지 않았다. 만일 40대였다면 좀 더 많은 것을 할 수 있었을지 모른다. 만델라가 없는 지금, 앞으로 남아공의 변화는 남아공 국민들에게 달려 있다. 만델라가 그 변화의 문을 열었다는 사실을 잊지 말고 함께 더 나은 미래를 향해 나아갈 수 있다는 희망으로 다시 시작해야 한다.

아담 하비브 *Adam Habib*

정치학자이자 현재 요하네스버그에 있는 위트워터스랜드 대학교의 부총장. 주로 남아공의 민주화 과정을 주제로 저술활동을 하는데 확고한 신념 덕분에 종종 세간의 주목을 받는다. 특히 이라크 전쟁의 부당성을 공개적으로 성토한 뒤, 미국 국무성에 의해 테러 용의자로 지목된 사건은 유명하다. 팔레스타인의 급진주의 집단 하마스에 자금을 전달했다는 혐의를 받아 2006년부터 2010년까지 미국 입국을 금지당했다. 미국시민자유연맹이 그 조치의 부당함을 들어 소송을 제기하기도 했다. 2010년 인권을 유린한 조치라며 항변하자 당시 국무장관이었던 힐러리가 미국 비자를 발급하도록 허락했다.

신체제의 흑인 엘리트들에게 '당장 모든 실책을 시정하지 않으면 모든 것을 잃게 될 것'이라고 경고할 정도로 신체제의 문제점들에 대해서도 냉정하게 지적하고 있다.

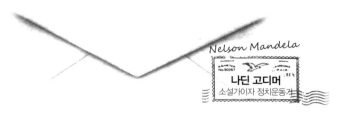

Nelson Mandela

No.90067

나딘 고디머
소설가이자 정치운동가

자유를 위해 선택한 것

만델라는 그야말로 비범한 특징을 두루 갖췄다. 머리가 비상한 정치가이면서도 마음이 늘 열려 있다. '이게 내 입장이고 이게 내 생각이다. 난 다른 건 모르며 알고 싶지도 않다'는 식의 이야기는 결코 하지 않는다. 민주주의와 같은 절대적 명제를 놓고서도 늘 다른 사람들의 의견에 귀를 기울인다. 반민주적인 집단의 반론까지도 흘려듣는 법이 없다.

나는 재판이 열리기 직전에 만델라를 처음 만났으며 이후 그가 종신형을 선고받던 현장에도 있었다. 아직도 기억이 생생한데 재판 결과에 대한 그의 반응은 놀랄 만큼 차분했다. 결코 그 판결이 정당해서가 아니다. 그 시련을 이겨낼 수 있을 만큼 강한 사람이었다. 그리고 그는 실제로 이겨냈다.

27년 동안 감옥에 있었지만 아무리 두꺼운 벽도, 아무리 높은 담장도 진정으로 그를 가둘 수 없었다. 투옥되기 전에 이미 그의 염원과 이론, 행동들의 역사가 밖에 있는 사람들의 교과서와 나침반이 되어 반아파르트헤이트 투쟁의 원동력이 되었기 때문이다. 그의 영혼이 벽을 뚫고 담장을 넘어 우리를 인도한 것이다. 마술이나 종교 차원으로 하는 말이 아니다. 행동과 말 속에 담긴 그의 정신이 다른 사람들에게 이어졌기 때문에 가능했다.

세상 모든 혁명의 근본적인 동기는 같지만 시기와 상황, 지도자에 따라 양상은 달라진다. 휴머니스트인 만델라에게 모든 남아공 사람들은 피부색과 관계없이 동료이자 독립적인 인간이었다. 어쩌면 세상 사람 모두를 형제 또는 자매로 느끼고 대했을 수도 있다. 그 형제, 자매의 기본적인 필요와 권리를 보장해줄 수 있는 민주사회를 이룩하는 것이 혁명지도자 만델라의 염원이었다.

대통령이 된 만델라는 선택의 기로에 섰다. 혁명 과정 내내 가장 기본적인 강령이었던 '죽을 때까지 싸우자', 즉 움콘토 웨 시즈웨의 정신을 이제 그만 접어야 하는가? 접는다면 그 대안은 무엇인가? 희망 사항일 수는 있겠지만 이제 무력에 호소하던 시절은 갔으니 투쟁의 다른 방법을 찾아야 했다.

214

당시 변화의 과정 속에 있는 남아공에는 아파르트헤이트 체제의 잔재들이 마치 요새처럼 곳곳에 굳건히 버티고 있었다. 남아공에서 백인의 인구비율은 10퍼센트에 불과하지만 그 소수가 다수를 그동안 어떻게 차별하고 지배할 수 있었을까? 분명 유럽의 든든한 지원, 풍부한 군사력 등 여러 이유를 들 수 있다. 만델라 입장에서는 그 하나하나가 큰 장애물이었으며 하루라도 빨리 해결책을 찾아야 하는 절실한 상황이었다. 그래서 '민주 남아공을 위한 콘퍼런스'를 주재한 것도 그 해결책을 찾기 위한 노력의 일환이었다.

그 콘퍼런스에는 아프리카민족회의와 아파르트헤이트 체제의 주역들이 함께 참가했다. 가보지 않아도 분위기는 충분히 짐작될 것이다. 언쟁을 위한 언쟁이 난무하는 가운데 만델라의 제안에 불만을 표시하며 심지어 인신공격까지 가하는 사람들도 있었다. 아파르트헤이트뿐만 아니라 아프리카민족회의 사람들까지도. 하지만 만델라는 또 다른 배움의 기회로 생각하고 그들의 말에 귀를 기울였다. 자신의 생각만을 고집하지 않는 만델라의 진면목이 다시 한 번 드러난 시간이었다.

만델라가 대통령이 되면 세상이 완전히 바뀔 거라는 기대를 국민들은 했었다. 실제로 만델라는 남아공에 자유를 찾아 줬으며 덕분에 남아공 국민들은 인권과 삶의 즐거움을 느끼며 살고 있다.

자유를 남아공에 뿌리내리기 위해 만델라가 선택한 방법이 '용서와 화해'였다. 만델라가 감옥에서 나와 헨드릭 페르부르트의 미망인을 찾아갔을 때 세상 사람들은 모두 깜짝 놀랐다. 헨드릭 페르부르트는 바로 아파르트헤이트 체제의 틀을 만든 장본인이다. 그런 사람의 미망인을 만난다는 건 만델라가 아니면 그 누구도 생각조차 할 수 없는 일이었다. 그러나 만델라는 보통 인간의 한계를 뛰어 넘는 사람이었기에 가장 끔찍한 적조차 같은 인간이라는 사실을 늘 잊지 않았다.

만델라가 죽자 어느 순간부터 만델라의 협상에 대한 여러 이야기가 나오고 있다. 여기서 우리는 만델라가 한 행동의 크기에 주목해야 한다. 만델라는 집 하나를 새로 만든 것이 아니라 한 나라를 새롭게 만들려는 혁명을 이끌었다.

몇백 년 동안 굳어졌던 거대한 틀을 몇 년 안에 어떻게 바꿀 수 있겠는가? 신이 아닌 이상 인간 그 누구도 하지 못한다. 만델라는 할 수 있는 최선을 다했고, 그 결과 국민들에게 자유를 되찾아줬다.

아직 남아공에는 해결할 문제가 산더미처럼 쌓여 있다. 그렇다고 오래전에 대통령직에서 물러났으며 이제 세상에 없는 만델라에게 그 책임을 묻는 건 크나큰 방향 착오이다. 한 국가의 틀을 바꾸는 것이 손바닥을 뒤집는 것처럼 간단한 일은 아니지 않은가.

현재의 문제점들을 극복하고 새로운 체제를 진정으로 새롭게 만드는 것은 이제 이 땅에 살고 있는 모든 사람의 몫이다. 만델라가 만든 토대를 바탕으로 살아 있는 사람들이 손을 잡고 또 다른 토대를 만들어야 한다.

물론 과거를 잊어서는 안 된다. 아주 사소한 것에서부터 규모가 큰 것에 이르기까지 어떤 변화든 인식하기 위해서는 과거를 알아야 하니까. 그렇다고 과거에 집착하는 우愚를 범하면 안 된다. 우리의 행동과 생각을 옭아매고 있던 사슬에서 풀려났으니 이제 남아공 국민들은 각자가 지닌 에너지를 총동원해서 더 나은 미래를 건설해야 한다. 실제로 남아공 국민들, 특히 예전의 혁명투사들 사이에서 그런 노력이 꾸준히 그리고 갈수록 적극적으로 전개되고 있으니 정말 다행스러운 일이다.

이제 한 발자국을 뗀 것뿐이다. 갈 길이 멀다.

나딘 고디머 *Nadine Gordimer*

남아공에서 이민자의 딸로 태어났으며 소설가이자 정치
운동가로 유명하다. 20세에 첫 번째 소설을 발표할 정도로
글 쓰는 능력을 일찌감치 인정받았다. 항상 반아파르트헤이
트 운동의 선두에 섰으며 다수의 작품이 금서가 되는 수난
을 겪었다.

1991년 노벨 문학상을 받는 자리에서 세상의 작가들에게
펜을 무기 삼아 불의에 적극적으로 맞설 것을 촉구하기도
했다. 만델라가 감옥을 나서면서 그녀를 만나고 싶다고 하
여 다시 한 번 세계적인 유명 인사가 되었다.

아파르트헤이트 체제가 무너진 이후로도 남아공 민중들
의 삶, 그리고 국제사회가 당면한 문제점들을 주제로 왕성
하게 집필하고 있다.

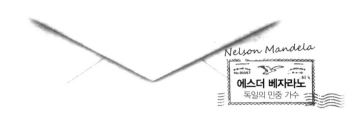

Nelson Mandela

에스더 베자라노
독일의 민중 가수

눈물의 오케스트라

아파르트헤이트 체제 이후 만델라가 추진했던 '용서와 화해'의 사면 과정에 대해 무조건 잘했다는 의견만큼 그렇지 않다는 의견도 비등比等한 것이 현실이다. 만약 이와 유사한 과정을 먼저 겪은 독일의 경우는 어떠할까? 그 궁금증에 대한 답을 알고 싶어서 만난 사람이 '에스더 베자라노'였다.

부모님은 홀로코스트Holocaust(2차 대전 중 독일이 자행한 유대인 대학살) 때 돌아가셨다. 여동생 한 명과 함께. 남은 가족은 모두 아우슈비츠의 유대인 포로수용소로 보내졌다. 1943년 4월 20일에 가축 운반 트럭에 짐짝처럼 실려서 말이다. 그리고 대부분 그곳 가스실에서 비참한 최후를 맞았다.

나는 천만다행으로 피아노를 칠 줄 알아서 수용소의 오케스트라 단원으로 뽑혔다. 그런데 바로 문제가 생겼다. 수용소에는 피아노가 없는 것이다. 마침 유대인 죄수지만 단장을 맡고 있었던 차이코프스카 여사는 아코디언 주자를 찾고 있었다. 나는 아코디언을 한 번도 연주해본 적이 없었지만 무조건 할 수 있다고 거짓말을 했다. 어떻게 해서든 오케스트라 단원이 되어야 했다. 당시 몸이 너무나 쇠약해져 있었기 때문에 노역팀에 배정된다면 단 하루도 버틸 수가 없었기 때문이다. 당시 수용소의 노역은 들판에서 하루 종일 무거운 돌덩어리를 옮겼다가 다음 날에 다시 제자리로 갖다 놓는 일의 반복이었다. 그게 바로 나치들의 '노역을 통한 처형'이었다.

우여곡절 끝에 오케스트라 단원이 되어 눈앞의 죽음은 면할 수 있었지만 곧 죽게 될 내 동포들이 노역장으로 나가고 돌아올 때마다 행진곡을 연주하는 오케스트라 일도 고통스웠다. 유럽 전역에서 체포된 유대인들이 무리지어 수용소에 도착할 때마다 나치 친위대Schutzstaffel의 명령에 따라 정문 앞에서 즐거운 음악을 연주해야 했다. 그 가엾은 사람들은 음악이 흐르는 곳이니 끔찍한 일은 당하지 않을 거라고 생각했는지 모른다. 비로소 긴장을 풀고 우리에게 손 흔드는 사람도 많았으니까. 하지만 많은 사람이 곧장 가스실로 끌려갔다. 당연히 나를 포함한 오케스트라 단원들은 어느 쪽이 수용소로 가는 길이고, 어느 쪽이 가스실로 가는 길인지 알고 있었다. 정말 괴로운 나날들의 연속이었다.

그곳에서 우리는 공포에 질린 채 하루하루를 살았다. 말 그대로 지옥이었다. 가스실에서, 노역장에서, 처형장에서 매일 많은 사람이 죽었다. 버티지 못해서 전기 철조망에 몸을 던져 자살하는 사람도 적지 않았다. 그러면 개들이 그 시체를 먹었다.

당시 수용소는 도축장이나 다름없었다. 수용소의 관리자들은 콧노래를 부르며 온갖 고문 기술을 고안했고 행동으로 옮겼다. 짐승이 아니라 사람에게 말이다.

2차 대전이 끝난 후, 전범戰犯의 법적 처리와 관련해서 이야기가 많이 오고 갔다. 기존의 체제를 유지하기 위해 폭력과 학살을 자행한 정치 지도자들을 어떻게 다뤄야 하는지에 대해서 말이다. 현실적인 대안은 실제로 무슨 일을 저질렀는지에 따라 벌의 수위를 조절해야 한다.

나치 때 온갖 반인류적 범죄를 자행한 요셉 맹겔레(아우슈비츠 수용소에서 인체를 실험하여 '죽음의 천사'로 불렸던 군의관)나 루돌프 헤스(히틀러의 후계자로 지목됐던 인물) 같은 미치광이들은 가장 무거운 처벌을 받아야 했다. 하지만 법적 처단은 제때 이뤄지지 못했다. 비극 중의 비극이었다. 2차 대전이 끝난 직후여서 사회가 혼란스러웠다고 해도 그 사악한 범죄자들을 심판대에 세워야 한다는 목소리는 전혀 들리지 않았다. 오히려 그 사악한 범죄자들은 해외로 도주할 수 있도록 도움까지 받았다. 이후 오랫동안 홀로코스트에 관해 이야기를 꺼내는 사람이 없었다. 그런 참극이 있었다는 것조차 모르는 사람이 점차 많아졌다.

미국 영화 〈홀로코스트〉가 개봉되고 나서야 비로소 세상 사람들은 그 끔찍한 사실을 알게 되었다. 하지만 그때도 독일 정부는 침묵으로 일관했다. 심지어 아데나워(서독의 초대 수상) 시절에는 나치 체제의 주역들을 장관으로 기용했다. 그런 악독한 범죄자들이 국정을 운영하다니, 말도 안 되는 일이었다. 믿을 수가 없었다. 나치 친위대 요직에 있던 전범 50명의 소재가 지금에서야 한꺼번에 밝혀진 것도 마찬가지다. 세상에 코미디도 이런 코미디는 없다. 그 50명은 이제 너무나 쇠약해서 곧 죽을 날만 기다리는 노인이 되었는데 법정에 설 기력조차 없어 보였다. 재판 자체가 불가능한 상황에서 그들을 검거했다고 떠드는 것이야말로 최고의 코미디라고 생각한다. 사실 종전終戰 직후에 그들을 바로 법정에 세워서 처벌했어야 했다.

만델라는 '분노는 내가 독약을 마시면서 상대방이 죽기를 바라는 행위다'라고 말했다. 모든 사람이 평화롭게 살아가야 하니 서로 다른 사람을 함부로 대하지 말자는 의미라고 생각한다. 평화를 위해서는 당연한 말이다. 하지만 전범에 대한 법적 처리가 제대로 이뤄지지 않았다면서 지금도 만델라의 용서를 이해하지 못하는 사람도 많다. 이제부터라도 이 사람들이 이해할 수 있는 조치를 시작해야 한다.

이쯤에서 나는 또 다른 제안을 하고 싶다. 요즘 고개를 들고 있는 신新나치주의에 강력히 맞서야 한다는 것이다. 과거도 중요하지만 미래도 같이 생각할 시기가 왔기 때문이다.

많은 독일인이 신나치주의 집단의 범죄들을 의식하지 못하면서 살고 있다. 나는 젊은이들을 자주 만나는데 그들이 나치의 마수에 걸릴 것 같아 걱정이 많다. 그 미치광이들의 고도전술에 젊은 세대들이 현혹되지 않도록 하는 것이 미래를 위한 행동이다. 또한 어른들의 의무이기도 하다. 과거도 중요하지만 미래도 중요하지 않은가. 내 마지막 순간까지 최선을 다해 그 의무를 수행할 것이다.

에스더 베자라노 *Esther Bejarano*

음악 덕분에 아우슈비츠 수용소에서 살아남았다. 2차 대전 후 포크 가수로 명성을 쌓아가다가 젊은 세대들에게 홀로코스트의 교훈을 가르치기 위해 1960년 독일로 돌아가 국제 아우슈비츠 위원회를 창립했다. 지금까지 위원회 회장직을 맡고 있으며 동시에 나치 체제 피해자 연맹의 명예회장이기도 하다. 독일 정부는 수십 년에 걸친 그녀의 공로를 인정하여 여러 훈장을 수여했다.

불행한 과거가 반복되지 않으려면 지난 시절의 교훈을 잊지 말아야 하므로 독일이든 남아공이든 역사교육에 투자해야 한다고 주장하고 있다. 그것이 자유와 평화를 지키는 최선의 방법이라고 생각한다. 80대 후반이지만 두 자녀와 함께 밴드를 만들어서 2차 대전 당시 저항운동 가요들을 전파하고 있다.

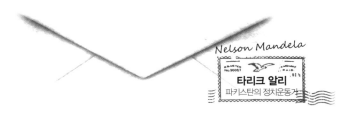

꿀통의 꿀은 언젠가 다 사라진다

나에게 만델라는 두 가지 모습을 갖고 있는 인물이다. 첫 번째는, 아파르트헤이트에 맞서 싸우고 무력항쟁을 주동하다가 몇십 년 동안 감옥살이를 했던 만델라의 모습이다.

만델라가 오랜 세월 옥고를 치르는 동안 그의 이름은 세상 사람들에게 아파르트헤이트 체제에 대한 항쟁의 상징이 되었다. 법정에서 그가 토해냈던 최후 진술, 기나긴 옥살이 등이 세상의 이목을 그와 남아공에 집중시키는 중요한 요인이 되었으며 결국 세계적으로 모종의 조치를 취해야 한다는 중론이 모아졌다. 아파르트헤이트 정권을 지지하던 당시 서구 열강도 정책을 수정할 수밖에 없었다. 특히 대학생들의 주도로 만델라의 구명 및 석방을 요구하는 시위가 연이어 일어났던 미국을 시작해 세계 각국에서 남아공 상품 불매, 무역제재, 투자회수 등을 주장하는 목소리가 갈수록 높아졌다. 당시 남아공 정부의 가장 든든한 우방국인 영국에서도 마찬가지였다. 런던의 남아공대사관 담장 밖에서는 릴레이식 피켓 시위가 계속됐다. 남아공의 럭비대표팀은 경기장에 발도 디디지 못하고 본국으로 돌아가야 했다. 대처 당시 수상은 만델라를 테러리스트로 몰아 세웠지만 그녀의 주장에 수긍하는 사람은 거의 없었다. 당시 영국 여론은 아파르트헤이트 체제의 남아공을 더 이상 묵과해서는 안 된다는 것이었다. 개인적인 정치적 소신 따위는 들어갈 틈이 없었다. 좌파 급진주의자들만이 아니라 우파 보수주의자들도 남아공의 상황에 대한 성토에 목소리를 보탰다. 이미 20세기도 종반으로 치닫고 있던 시점에서 인종차별, 그리고 그로 인한 범죄행위는 응분의 대가를 치러야 한다는 생각들이 있었던 것이다.

만델라의 구명 및 석방을 위한 투쟁은 역사상 전무후무한 규모였고 그 의미도 매우 중요했다. 그러다 보니 만델라의 위치가 실제보다 부풀려지는 현상이 나타났다. 절대로 그를 폄하하려는 의도가 아니다. 남들이 자신에 대해서 이야기하는 대로, 또는 기대하는 대로 행동한다는 건 불가능한 일이지 않은가. 난 그 점을 짚고 넘어가려는 것뿐이다. 책으로 출간된 그의 자서전을 보면 만델라 자신도 그 현상을 알고 있었으며 그럴 수밖에 없었다는 부분까지도 이해하고 있었다.

두 번째는, 아파르트헤이트 정권과의 협상 테이블에 앉아 (원하는 바를 들어주는 대가로 다른 무언가를 줘야 한다는) 파우스트식 계약서에 서명하면서 남아공 국민들이 기대했던 것과는 전혀 다른 방향으로 나라를 이끈 만델라의 모습이다. 나는 그 두 번째 모습의 만델라를 비판하고 싶다. 그가 취했던 용서와 화해의 모든 조치는 불필요한 양보라고 생각한다.

내가 존경하고 좋아하며 탄복하는 만델라는 '첫 번째 만델라'이다. '두 번째 만델라'는 관용과 지혜를 널리 인정받고 소위 지구촌 유명인사들이 모인 집단의 제사장이 되었다. 그 집단의 구성원들은 아파르트헤이트 체제에 맞서 싸우던 '첫 번째 만델라(의 용기와 염원)'는 증오하지만 '두 번째 만델라'는 사랑한다. 그들은 줄줄이 찾아와 만델라가 관장하는 제단 앞에 있다가 카메라 플래시가 펑펑 터질 때 머리를 조아렸다. 그들 가운데에는 아파르트헤이트 체제를 지지했던 역대 미국 대통령들도 있었다. 오바마 대통령은 만델라가 병상에 눕자 남아공으로 날아가 함께 기념사진을 찍었다. 삶의 끝을 향해 다가가고 있는 90대 노인과 말이다. 그들이 왜 그랬을까? 바로 '두 번째 만델라'가 그들의 원하는 모든 것을 베풀었기 때문이다. 그래서 나는 '두 번째 만델라'만큼은 존경하지 않는다.

만델라가 민중을 저버렸다는 일부의 비난을 내 입에까지 올리고 싶지 않다. 사실 나는 그런 발상 자체가 옳지 않다고 믿는 사람이다. 만델라는 민족을 위해 평생을 바쳐 투쟁한 사람이다. 하지만 협상 테이블에서 그가 취했던 자세는 아프리카민족회의의 리더 기준으로 보면 미흡했다.

협상의 필요성에는 이견의 여지가 없다. 문제는 그 협상의 결과다. 아프리카민족회의는 아파르트헤이트 체제의 주역에게 더 많은 것을 얻어내야 했지만 그렇게 하지 못했다. 협상이 결렬될 가능성이 두려웠기 때문이다. 좀 더 정확히 말하자면 결렬 후에 벌어질 무력충돌을 감당할 엄두가 나지 않았던 것이다. 비록 앙골라에서 쿠바의 소수정예 부대에 의해 박살이 났었지만 그래도 남아공 백인들의 군대는 막강하다. 게다가 미국과 유럽 열강들을 등에 업고 있다. 당시 아프리카민족회의 입장에서는 설상가상으로 소련까지 무너진 상황이었다. 내전이 벌어지면 승리를 장담할 수 없었다. 처음부터 협상 테이블을 마련한 것도 그래서였다.

나 역시 협상이라는 평화적 수단을 지지하는 사람이다. 그래도 협상 테이블에는 걱정 어린 얼굴과 자신만만한 얼굴, 그렇게 두 얼굴을 갖고 나서야 한다. 첫 번째 얼굴은 감추고 두 번째 얼굴은 내보이는 게 협상의 가장 기본적인 전략이다. 하지만 만델라를 비롯한 아프리카민족회의 지도부는 그 전략조차 구사하지 못했다.

만델라가 세상과 격리되어 있던 시간이 너무 길어서 주변 정세에 어두워졌다는 말이 있지만 그 정도까지는 분명 아니라고 본다. 협상이 체결되기 전까지 몇 년 동안 프레데릭 데 클레르크 측과 아프리카민족회의 사이에 지속적인 대화가 오갔다는 건 모두가 아는 사실이다. 그 기간에는 만델라가 석방된 이후만이 아니라 그 이전, 그가 감방 안에 있을 때까지 포함된다. 철저한 사전 계획 아래 진행되었다고 볼 수 있다. 그래서 아파르트헤이트 체제는 서서히, 부드럽게 무너진 것이다. 무너졌다기보다는 무대 인사까지 마치고 퇴장했다는 표현이 더 맞을 것 같다.

앞에서도 얘기했듯이 그 기간 동안 소련 등의 공산진영 전체가 와해된 시대적 상황이 결정적 변수로 작용했다는 사실에 주목할 필요가 있다. 국제상황이 그렇게 되자 미국을 비롯한 서방 열강들은 긴장을 풀었다. 양극화 시대가 종말을 고하고 이제 단극화된 세계에서 앞으로 나아갈 길은 단 하나, 신자유주의적 자본주의뿐이라는 정답이 나온 상황이 되었다.

그러한 세계정세 속에서 아파르트헤이트 체제 이후 정권의 초석이 깔린 것이다. 만델라는 그 상황을 정확히 인식하고 있었다. 타보 음베키를 비롯해서 아프리카민족회의의 다른 지도자들도 마찬가지였다. 만델라의 뒤를 이어 남아공의 두 번째 흑인 대통령이 되었던 타보 음베키는 당시에 다음과 같은 말을 했다.

"부시는 나를 아프리카에 심어둔 자신의 척후병으로 여기고 있다."

더 이상 걱정할 게 없어진 서구 열강들은 아프리카민족회의 지도부와 남아공 공산당 수뇌부에 지원을 아끼지 않았다. 어차피 권력을 승계할 집단에 대한 투자였을 뿐이다.

당시 만델라 입장에서는 내전만은 피해야 했다. 그건 누구나 다 인정하는 사실이다. 그 상황에서 누구라도 만델라와 같은 위치라면 그럴 수밖에 없었을 것이다. 아무튼 그 모든 정황을 종합해볼 때 만델라는 절대로 주변 정세에 어둡지 않았다. 오히려 충분히 인식하고 있었다고 보는 게 맞다.

아파르트헤이트 체제에서 자행된 범죄행위들은 전폭적으로 사면을 받았다. 하지만 남아공의 흑인들에게 피해와 공포를 준 범죄들 중에는 결코 사면대상이 되지 말아야 하는 것이 많다. 만일 아파르트헤이트 범죄자들을 심판대에 세웠다면, 최소한 죄질이 무거운 범법자들만이라도 법과 정의의 이름으로 단죄했다면 하나의 선례가 되어 이후 정권을 잡은 사람들의 범죄를 어느 정도 제어할 수 있었을 것이다.

1976년에 발발한 스웨토 사건(남아공에서 백인정권의 억압에 대해 봉기한 흑인학생들을 무차별적으로 사격하여 수천 명이 살해된 사건)과 관련 있는 범법자들이 사면을 받았다. 광부들의 시위를 총칼로 진압한 자들도 버젓이 자유롭게 다니고 있다. 그때 그들을 단죄하지 않은 결과, 현재 정권에서도 시위를 벌인 광부들이 무참히 살해되는 참상이 일어났다. 다시 정리하자면 아파르트헤이트 체제에서 자행된 범죄행위를 선별적으로나마 처벌해서 선례를 남겼다면 현재 남아공 국민들의 삶은 좀 더 자유롭고 안전했을 것이라는 이야기다.

안타깝게도 법과 정의의 단죄 대신 화해 차원의 전폭적 사면이 이뤄졌다. 정말 유감스러운 일이다. 교육적인 측면에서도 법적인 단죄는 이뤄져야 한다. 2차 대전이 끝난 뒤 독일의 전범들을 심판대에 세웠던 뉘른베르크 재판 덕분에 세상 사람들은 그들의 죄상을 구체적으로 알 수 있었다. 그 범죄자들이 모두 사형되어야 한다는 주장을 펼칠 생각은 추호도 없다. 하지만 사형 외의 처벌은 마땅하다고 생각한다. 그러기 위해서는 일단 범법자들을 법정에 세워야 한다. 재판은 그 자체로 교훈적인 가치를 지니고 있기 때문이다.

뉘른베르크 재판은 '전범은 정의의 이름으로 심판받아야 한다'는 국제법의 원칙을 구현한 현장이었다. 하급 군인이라도 그 죄질이 무거운 경우에는 '명령을 수행했을 뿐'이라는 변명 따위는 통하지 않았다. 당시 재판에 참여했던 미국 대법관 잭슨은 예나 지금이나 자신의 극악한 범죄행위를 상부의 명령 탓으로 돌리는 피고들의 변론은 일고의 가치도 없는 구실에 불과하며 따라서 이 법정에서는 참작될 여지가 없다고 단언했다. 나는 그가 무조건 옳다고 생각한다.

이라크 또는 아프가니스탄에서 우군友軍의 가혹행위를 고발한 영국과 미국의 병사들이 있다. 재파병을 거부한 병사들도 있다. 칭찬받아야 마땅한 양심들이다. 하지만 현실적으로 배신자의 낙인이 찍혀 온갖 불이익을 당하고 있다. 과거의 교훈을 망각한 이 시대의 피해자들인 것이다.

앞에서 말한 협상과 관련해 좀 더 이야기하자면, 협상은 최선의 선택이었다. 하지만 그 과정에서 아프리카민족회의 지도부는 크게 두 가지를 실수하였고 그 결과 남아공 국민들은 큰 피해를 입었다.

첫 번째 실수는 경제 문제에 관해 너무 양보한 것이다. 신자유주의적 자본주의 체제를 유지하기로 한 양측의 타협 말이다. 우리는 현재 남아공의 서민층과 빈곤계층의 열악한 생활상을 통해 그 결과를 똑똑히 확인할 수 있다. 소수의 흑인 엘리트층이 형성되기는 했다. 하지만 백인 엘리트들이 예나 지금이나 누리고 있는 특권을 함께 향유하면서 정실 자본주의crony capitalism(실력이 아닌 관계에 의해 경영이 이뤄지는 경제)에 물들어가고 있다.

반면 흑인이 사는 구역들을 보면 변화가 있는 것처럼 보이지만 겉모습에 불과하다. 근본적으로는 그들의 삶에 어떤 변화도 없다고 해도 과언이 아니다. 물론 아파르트헤이트 체제의 와해는 그 자체로 엄청난 승리다. 하지만 국민들이 누린 것은 정신적인 만족일 뿐, 삶은 별로 나아진 게 없다. 아프리카민족회의 지도자들이 했던 양보의 대가를 국민들이 치르고 있다.

두 번째 실수는 아파르트헤이트 체제에서 살인 및 가혹행위를 자행한 범죄자들을 법과 정의의 이름으로 응징하지 않은 것이다. 어떤 구실로도 용인될 수 없는 비인도적인 범죄를 저지른 자들을 법정에 세우고 처벌했어야 했다. 하지만 신체제의 주역들은 화해를 내세우며 오히려 그들 모두를 용서했다.

이 두 가지 실수 모두 국민보다 주변 정세를 너무 의식한 양보적 차원의 타협이라 더욱 화가 난다. 만델라(를 포함한 아프리카민족회의 지도자)가 용서의 범위를 너무 넓게 잡은 것이다. 이쯤에서 만델라의 심경을 집중적으로 살펴볼 필요가 있다.

길고 지난한 투쟁 끝에 마침내 승리를 거두고 세계적 지도자의 반열에 오른 만델라가 숨을 고르기도 전에 세상은 그를 지구촌의 원로, 나아가 신과 동등한 차원으로 띄워 올렸다. 신은 한편으로 용서를 의미한다. 화가 나더라도 분노를 삭이고 표출하지 않으면서 용서해야 한다. 인생의 말년에 이른 만델라는 그 길을 선택하게 된다. 선택이 아니라 어쩔 수 없었는지도 모른다.

세계 어느 나라를 방문하더라도 사람들은 만델라가 보이면 열렬히 환영하고 온갖 찬사와 아부에 가까운 존경을 퍼부었다. 감히 누가 신을 비난하겠는가. 어떤 자유주의 투사들에게도 스포트라이트를 비춘 적이 없었던 언론매체까지 '만델라, 신 만들기'에 적극적으로 나섰다. 그런 상황에 초연할 수 있는 사람은 없었다. 만델라도 마찬가지였다. 부인할 수 없는 사실이다. 재계 인사들이 요하네스버그 광장에 만델라의 동상을 세운 건 누구나 아는 사실 아닌가. 그 광장은 남아공을 찾는 미국과 유럽의 정관계자들이 반드시 가는 명소가 되었다. 그들은 실물 크기의 만델라 동상과 어깨를 나란히 하고 기념촬영을 한다. 거의 대부분 아파르트헤이트 체제를 무너뜨리는 데에는 전혀 도움을 주지 않았던 사람들이다. 더 이상 무슨 얘기가 필요하겠는가….

만델라는 현 시대의 가장 위대한 인물의 반열에 올랐다. 세상 사람들은 그를 숭배한다. 감히 그에 대한 비난을 입에 담는 사람은 없다. 어떻게 이런 일이 가능한지 의아할 따름이다. 오바마가 처음 대통령이 됐을 때 서구사회에서 나타났던 집단 광기와 착각 현상이 연상된다. 전 대통령인 부시의 모든 부정적인 면모와 극명하게 대비되는 피부색과 인격, 나긋한 목소리에 안도와 매력을 함께 느낀 세상 사람들은 초반에 실정失政을 저질러도 애써 눈을 감았다. 하지만 재선이 된 이후부터 사람들의 입이 조금씩 열리기 시작했다. 전 대통령 조지 부시의 전철을 밟고 있는 그를 향해 비난의 목소리가 커지고 있다. 부시 전 대통령은 그런 오바마의 행보를 아주 흡족하게 보고 있다. "난 오바마가 아주 마음에 듭니다. 모든 면에서 나를 그대로 따라하고 있으니 말입니다"라고 말하면서.

사실이지만 사람들은 쉽게 믿으려고 하지 않았다. 그래서 부시 전 대통령이 그랬다면 폭동이 일어났을 조치도 오바마는 오히려 찬사를 받아가며 감행할 수 있었다. 미국인들이 스스로 가슴에 새긴 오바마의 이미지를 훼손하고 싶지 않아서 침묵한 덕분이다. 어떤 의미에서 보자면 만델라 등을 대하는 남아공 국민들의 마음가짐도 마찬가지다.

꿀통의 꿀은 언젠가 다 사라진다. 그 순간이 되면 남아공 국민들은 꿈에서 깨어나 현실을 직시하면서 자신들의 삶이 별반 나아지지 않았다는 걸 알게 된다.

세상일이라는 게 원래 다 그렇지 않은가. 꿈을 꾸는 사람을 비난할 수는 없다. 하지만 어서 깨어나라고 채근할 수는 있다. 지금 남아공에 가장 필요한 것은 바로 그 목소리다.

타리크 알리 Tariq Ali

파키스튼 출신의 소설가이자 언론인이며 정치운동가이다. 영국 옥스퍼드 대학교에서 정치, 철학, 경제학을 공부했다. 파키스탄 독재자에 의해 입국이 불허되는 바람에 영국에서 망명 상태로 살아가고 있다. 지난 반세기 동안 이단아적인 좌파 인사로서 영국 사회에 적지 않은 영향력을 행사하고 있다. 좌파 잡지 〈뉴레프트리뷰〉 등에 참여했으며 〈카운터펀치〉, 〈런던 리뷰 오브 북스〉, 〈가디언〉 등에 정기적으로 기고하고 있다.

상대를 가리지 않고 직격탄을 날리는 문장으로 유명하다. '오바마 신드롬'을 다룬 글에서는 '권력 앞에서 흐물흐물해지지 않는 정치인을 기대했던 것 자체가 어리석다'라고 썼다. 대처 전 수상이 타계했을 때는 한 인터뷰에서 "그녀가 남긴 유산은 오직 황폐 하나뿐이다. 그녀가 집권한 시기 동안 영국은 쇠퇴일로를 걸었다. 이제는 하나의 작은 섬나라에 불과한 현실을 직시하지 못한 채, 해가 지지 않는 제국 시절의 향수에 젖어 다른 국가들의 내정에 간섭질만 해대고 있다. 아직도 영국이 미국과 국력이 같은 등급이라는 착각에 빠져 있다"라고 말했다.

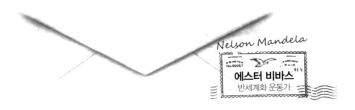

Nelson Mandela

에스터 비바스
반세계화 운동가

쉽지 않지만 가능하다

반세계화 운동가인 내가 제일 많이 듣는 질문 중 하나가 "부자는 더욱 부유해지고 가난한 자는 더욱 가난해지는 상황을 해결할 수 있는 방안이 있는가?"라는 것이다.

냉정하게 보자면 사회체제가 제대로 작동하지 않은 탓에 그런 상황이 발생한다. 그런 상황을 타개하기 위해서는 전폭적인 변화를 불러일으켜야 한다. 현재의 자본주의 체제로는, 특히 경제위기가 닥쳐오면 절대 다수의 근본적인 필요조차 충족시킬 수 없다. 한쪽에서는 음식이 남아돌고, 다른 쪽에서는 사람들이 기아에 허덕인다. 어느 나라에서는 병원만 가면 쉽게 고칠 수 있는 가벼운 질환으로 사람이 죽기도 한다. 빈곤과 폭력이 세계 사람들 숨통 대부분을 갈수록 조이는 상황에서도 소수 특권층은 월스트리트 같은 곳을 기웃거리면 은행 잔고의 동그라미 숫자를 늘리기에만 급급하다.

우리는 마땅히 이 부당한 체제에 맞서야만 한다. 자본주의 체제는 절대 다수를 위해 결코 바람직하지 않다는 사실, 그리고 우리 힘으로 충분히 변화가 가능하다는 사실을 분명히 인식하고 널리 알려야 한다. 우리 모두를 위해 사회적, 경제적, 환경적으로 반드시 일어나야 하는 변화를 부르기 위해서는 더 많은 사람의 각성과 참여가 필요하다.

특히 오늘날 세계적 경제위기, 사회위기 속에서 여성은 최악의 고통을 겪고 있다. 가정에서나 사회에서나 남을 보살피는 역할은 주로 여성이 담당하지만 정작 여성 당사자는 제대로 된 보살핌을 받지 못하고 있다. 아프리카에서는 전체 농산물의 85퍼센트가 여성의 손을 직·간접적으로 거쳐 생산되지만 여성은 남성보다 더 극심한 굶주림에 허덕이고 있다. 극소수에 불과한 특권층의 필요를 절대 다수의 필요보다 우선적으로 생각하는 것이 자본주의 체제의 가부장적 특징이기 때문이다.

정의를 구현하기 위해서는 지도자만 바꾼다고 되지 않는다. 전체 시스템이 바뀌어야 한다. 지금 말하는 정의는 전체를 위한 '보편적 정의'다. 감옥마다 가난한 사람들만 가득하다. 반면 가진 자들은 천문학적 액수의 경제 범죄를 저지르고도 버젓이 거리를 활보한다. 무엇보다 모두에게 똑같이 적용되는 정의가 뿌리내려야 한다.

우리는 정의를 위해, 자유를 위해 그리고 민주주의를 위해 싸워야 한다. 재정적인 기반도 없고 조직적인 폭력에 시달리는 현실이라도 정의, 자유, 민주주의만이 우리의 희망이다. 싸워야 한다! 우리의 마땅한 권리를 위해, 내부의 공포와 무관심 그리고 자포자기 하려는 유혹과도 싸워야 한다. 결코 쉽지 않은 일이지만 충분히 가능하다. 만델라와 같은 인물들이 이미 역사에서 그 가능성을 입증하지 않았는가!

정의를 위해서는 용서하라고 하지만 용서와 정의는 하나를 버려야 다른 하나를 구현할 수 있는 관계가 아니다. 순서가 제일 중요하다. 다른 사람에게 고통을 준 사람은 정의의 심판을 받은 후에 용서가 가능하다. 과오를 저지른 사람의 태도는 그다지 중요하지 않다. 보편타당한 실정법에 의해 죄를 저지른 사람은 누구든 그 대가를 치러야 한다는 정의가 중요하다. 그들이 응분의 대가를 치를 때야 비로소 빼앗겼던 피해자의 권리를 되찾을 수 있다. 우리는 압제자들을 얼마든지 용서할 수 있고 또 용서해야만 한다. 하지만 정의가 구현된 다음에 비로소 용서할 수 있다. 그것이 공동의 미래를 위해 과거를 청산하는 순서다.

에스터 비바스 *Ester Vivas*

스페인 출신의 반전, 반세계화 운동가이자 공정무역 옹호론자다. 사회운동과 책임 있는 소비행태를 주제로 다수의 책을 집필했다. 각종 포럼에 참여하며 세계 무대에서 당당한 존재감을 과시하고 있다. 특히 남반구와 북반구의 전반적인 불균형 현상을 철저히 분석하고 남반구 주민들이 당면하고 있는 문제점들과 그 원인을 제시한 자료들로 큰 방향을 일으켰다. 그는 한 잡지에 다음과 같은 글을 남겼다.

> 오늘날 다각적으로 발전해야 하는 인류 문명이 파행되는 현상이 갈수록 심해지고 있다. 환경, 음식, 의료, 재정은 물론 윤리와 도덕까지도 위태로운 지경이다. 이런 상황인데도 반자본주의 운동의 물결이 거세게 일어나지 않는 세상이 참 의아할 따름이다. 빈곤과 불평등, 전쟁의 원흉인 자본주의 체제는 그 악행을 정당화하기 위해 이 상황을 교묘히 이용하고 있다. 도덕적으로, 현실적으로 반자본주의 운동에 박차를 가해야 할 시점이다.

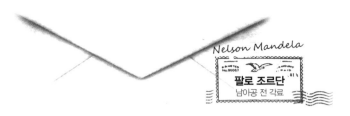

자세의 변화가 필요하다

　나는 '용서'와 '화해'는 전혀 다른 차원이라고 생각한다. 상대방이 잘못했을 때 내가 그 잘못을 잊고 상대방을 품는 과정이 '용서'다. 반면 '화해'에서는 잘잘못이 그다지 문제가 되지 않는다. 갈등관계에 있는 양쪽이 서로의 차이점을 불식하고 앞으로 잘 지내자는 약속을 하는 것이다.

　사실 20세기 말의 남아공에는 화해가 절실했다. 백인들을 모조리 추방하거나 그들의 권력과 재산을 몰수했다가는 국가의 미래를 장담할 수 없는 상황이었으니까.

　홀로코스트나 2차 대전을 보면 그 갈등관계에 있는 쌍방 간에도 화해가 이뤄졌다. 전쟁을 일으킨 독일은 나라가 둘로 갈라지는 대가를 치렀을 뿐만 아니라 6백만 명에 달하는 유대인들을 살육한 죄의 값으로 현재까지 이스라엘에 배상금을 지불하고 있다. 독일의 과오는 아직까지 용서받지 못하고 있는 것이다. 용서 없이 화해만 이뤄진 경우라고 할 수 있다. 물론 용서가 화해의 과정에 포함되는 경우도 있지만 용서와 화해가 호환이 가능하거나 필연적이지는 않다.

실제 아파르트헤이트와 관련된 사람들을 용서하지 않는 사람이 많지만 남아공 시민이라면 진실과 화해 위원회의 과정과 절차에 따라야 한다. 개인적으로는 남아공의 인종차별에 반대했던 백인 운동가 루스 퍼스트를 살해하고 나를 불구로 만든 크레이그 윌리엄슨을 결코 용서할 수 없다. 독약 등으로 한 번도 아니고 세 번씩이나 나를 암살하려고 했다. 지금 나는 잘 보이지도, 잘 들리지도 않는다. 내 사랑하는 사람들의 목숨을 앗아간 사람, 내 몸을 이렇게 만든 사람을 어떻게 용서할 수 있겠는가! 하지만 그는 진실과 화해 위원회의 결정에 따라 사면되었고 나는 결국 그 결정을 받아들였다. 우리 사회의 법질서를 지키기 위해서 내 개인적인 원한은 묻어둘 수밖에 없었다.

나는 아직도 크레이그 윌리엄슨은 물론 그 사건에 연루된 자들 모두를 용서한 적이 없다. 하지만 나는 그들과 화해는 했다. 런던에서 발생한 암살 사건들의 배후인 우트 바손을 용서하지 않았지만 그도 처벌을 받지 않았다. 하지만 나는 그 결과를 받아들였다. 다른 사람들은 어떻게 생각하는지 모르겠지만 내 경우에는 용서 없는 화해가 이뤄진 것이다. 우리는 민주사회의 민주시민이지 않은가. 합의된 질서를 지키는 것이 우리의 의무다.

나처럼 개인의 분노보다 사회의 질서에 중심을 더 두는 이유는 무엇인가? 바로 정의를 구현하기 위해서다.

진실과 화해 위원회의 설립취지도 바로 정의구현이었다. 물론 그 과정과 결과에 만족하지 못하는 사람도 적지 않다. 하지만 상당한 부분의 진실이 밝혀진 건 사실이다. 사랑하는 사람들에게 그동안 무슨 일이 생겼었는지 구체적으로 알게 되었다.

남편이나 자식의 복수를 원하는 마음은 충분히 이해한다. 소중한 사람들을 앗아간 범인들을 어떻게 용서할 수 있겠는가? 사실 죄질罪質이 중한 경우, 해당 범죄자들을 고소하는 것이 진실과 화해 위원회의 원칙 가운데 하나였다. 크레이그 윌리엄슨도 그 원칙에 따라 피소되었다. 하지만 처벌로 이어지지 않는 바람에 정의를 원하는 사람들의 불만이 더 커질 수밖에 없었던 것이다.

'만델라는 27년 동안 옥고를 치렀으면서도 용서했다. 그러니 우리도 용서할 수 있고 용서해야 한다'는 주장이 있지만 그 주장이 실현되기에는 상황이 복잡하다. 27년 동안 감옥에서 보낸 고통이야 이루 말할 수 없겠지만 만델라는 살아서 걸어 나오지 않았는가. 옥고를 치르던 중에 처형을 당했거나 병들어 죽은 사람이 적지 않다. 그런 사람들 입장에서 보면 앞의 주장은 약간 달라질 수 있다. 감옥에서 가족이 죽은 유가족들의 심정은 어떻겠는가. 따라서 용서와 화해는 획일적인 기준을 세울 수 있는 사안이 아니다.

모두가 함께 살아갈 미래를 위해 화해는 반드시 필요하다. 하지만 앞에서도 설명했듯이 용서는 필수적인 과정이 아니다. 용서의 과정을 거치지 않고 화해가 이뤄진 상황에서는 한 가지 큰 문제가 발생한다. 과오를 저지른 자들의 진솔한 뉘우침이 없다는 것이다.

2차 대전 후 나치 시절의 반인류적 행위에 대한 독일의 배상책임을 예로 들면서 남아공의 현실을 안타까워하는 독일 작가들이 있었다고 한다. 최소한 백인들이 운영했던 기업체들로부터 상당한 규모의 국가발전기금 정도는 받았어야 했는데 그 정도의 배상요구 없이 불쑥 화해부터 한 것은 이해할 수 없다고 말했다. 하지만 그 말이 과연 옳을까?

협상할 때 제일 중요한 것이 바로 협상의 안건이다. 당시 남아공의 협상 안건은 체제 이양과 관련된 절차였다. 경제적인 문제는 주된 안건이 아니었다. 물론 경제적인 문제를 전혀 도외시한 것은 아니었다. 실제로 금전적인 배상도 거론되었다. 백인들에게 자진 납세하는 형태로 국가발전기금의 조성을 분명히 요구했다. 하지만 백인들이 운영하는 주요 언론이 그 사실을 왜곡하여 가진 자에 대한 사회주의 방식의 수탈로 보도했다. 그것도 매일 같이. 결국 우리의 요구는 실현되지 못했을 뿐이다.

당시 우리는 그런 문제들을 그렇게 양보한 이유는 협상의 주요 안건이었던 정치적 문제들을 평화롭게 해결하기 위해서였다. 그런데 이제와 생각해보니 정치적인 사안들에 대해서도 너무 많은 양보를 한 것 같다. 나는 아프리카민족회의의 강경파 가운데 한 사람이었고 협상을 강하게 밀어 붙여야 한다고 공개적으로 밝혔지만 묵살되었다. 복수나 배상을 요구하는 사람들은 모두 미래를 생각하지 않는 부류라는 인식까지 형성되어 있었다.

아직도 이러한 분위기가 강하게 남아 있다. 나는 아직도 '이제 흑인 아이들은 더 이상 아파르트헤이트가 존재하지 않는 세상에서 살아갈 것이다'라는 신체제 주역들의 자만을 이해할 수가 없다. 그런 자세로는 남아공의 어떤 문제도 해결할 수 없을 것이다. 자세의 변화가 필요한 때가 다가왔다.

팔로 조르단 *Pallo Jordan*

아프리카민족회의 오랜 멤버이며 만델라 정권과 그 뒤를 이은 타보 음베키 정권에서 각료^{閣僚}를 역임했다. 1994년 첫 번째 민주선거에서 국회의원으로 당선된 후 남아공 정계의 핵심인물이 되었다.

국민의 자유를 침해하고 언론의 자유에 간섭하는 정부 정책들에 대해 강력하게 반대하면서 만델라와도 많이 충돌했다. 그 결과, 만델라에 의해 전격적으로 경질되기도 했다. 하지만 아프리카민족회의 당원들 사이에서 불만의 소리가 거세게 일자 다시 장관이 되는 기록까지 세웠다.

평소 말을 가리지 않는 스타일이어서 대처 전 수상의 부음을 듣고 "잘 죽었다"라고 말해 물의를 일으키기도 했다. 얼마 후 "그녀는 아파르트헤이트 체제의 절대적인 후원자였다"라는 해명을 했지만.

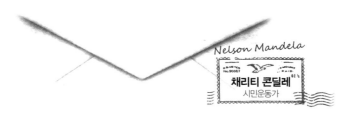

내 아들이 죽었다

경찰은 내 아들 시즈웨가 대학에 다닐 때부터 걸핏하면 찾아와 괴롭혔다(시즈웨는 '민족의 창' 소속의 혁명 전사였는데 모진 고문을 당하면서도 동료들에 대한 정보를 끝까지 발설하지 않았다). 참다못한 아들은 레소토로 피신했는데 결국 거기서 실종이 되었다. 실종이 된 사실도 남편이 수소문해서 알아낸 것이다. 납치되었다고 하는 게 더 정확한 표현이다. 그 뒤로 무슨 일이 벌어졌는지 알 길이 없었다.

1981년에 납치되었다가 1990년에 사건의 전모가 밝혀질 때까지 9년 동안 단 하루도 마음 편히 지내지 못했다. 기자들이 망명객들의 거취를 취재하던 중에 아들이 남아공 경찰에 의해 살해된 사람들 가운데 한 명이었다고 밝혀내기 전까지 지옥 같은 나날을 보냈다(폭력과 암살 사건에 상당히 면역이 된 남아공 사회였지만 시즈웨의 사망경위가 밝혀지자 큰 파문이 났다). 그리고 그 순간부터 또 다른 지옥이 시작됐다.

지금은 죽고 없는 더크 코엣지(당시 아파르트헤이트 경찰팀을 이끈 인물)의 자백을 통해 아들의 정확한 사망경위가 밝혀졌다. 아들을 납치해서 조사를 끝낸 뒤 풀어줬지만 승용차로 좇아가 다시 납치했다. 그리고 유치장에 가둬 놓고 모진 고문을 가한 다음, 부두에서 독약을 먹이고 총을 쏴 죽였다. 그것도 모자라 증거를 없애기 위해 아들의 시체까지 불태웠다. 뼈 한 조각까지 남기지 않으려고 9시간 동안이나 태웠다고 하니 내 아들이 지금도 너무 불쌍하다.

더크 코엣지를 진실과 화해 위원회가 열렸던 한 도시에서 만났지만 한마디도 나누지 않았다. 사과하고 싶다는 연락이 왔지만 변호사에게 그와 말을 섞고 싶지 않다고 했다. 나중에 코엣지도 내 행동을 충분히 이해한다는 말을 했다고 한다. 만일 내가 자기 아들을 죽였다면 자신도 결코 나와 이야기를 하지 않았을 거라면서.

나는 살인을 저지른 사람이라면 당연히 감옥에 가야 한다고 생각한다. 그런데 아들을 죽인 자뿐만 아니라 아파르트헤이트 체제에서 가혹행위를 자행한 자들 모두가 사면을 받았다. 그건 정말 공평하지 않은 처사處事다. 나는 왜 그들이 용서받아야 하는지 도

무지 이해가 가지 않는다.

자신들은 정치적 살인범이라고 주장하고 있다. 그렇다면 정치적 이유로 사람을 죽이면 죄가 되지 않는 건가? 그들도 마땅히 재판받고 죄의 대가를 치러야 한다. 높은 양반을 살해한 사람들은 감옥에 갔다. 그중에는 아직도 감옥에 있는 사람도 있다. 하지만 시즈웨는 조직의 간부도 대통령도 아니어서 그랬는지 아들을 살해한 자들은 사면을 받았다. 돈 없고 권력 없는 사람들은 억울한 죽음을 당해도 그냥 참아야 하는 건가 묻고 싶다. 코엣지를 비롯해서 내 아들을 살해한 자들은 마땅히 감옥에 들어가야 한다. 나는 지금도 그들이 사면받은 이유를 아무리 생각해도 모르겠다.

내 아들이 죽었다. 그런데 그 아이를 죽인 자들이 어떤 처벌도 받지 않고 자유롭게 돌아다니는 모습을 어미로서 도저히 참고 볼 수가 없다. 나는 정치와는 아무 상관없는 여인네지만 그 살인자들이 감옥에 가면 사람들이 기뻐한다는 정도는 알고 있다. 정부가 민중의 편이라는 증거이기 때문이다. 그런데 지금 상황을 보면 정부가 그 살인자들과 같은 편이라는 생각이 든다.

만델라가 페르부르트(아파르트헤이트 정책의 입안자)의 미망인이나 퍼시 유타(만델라에게 종신형을 구형한 검사) 같은 인물들과 함께 있는 것을 볼 때는 어느 정도 이해가 된다. 만델라는 이 나라의 대통령이었으니까. 대통령은 정치가이므로 그 누구든 만나야 한다고 생각한다. 물론 개인적인 친분을 쌓기 위해 아파르트헤이트 체제의 주역들과 함께 차를 마신다고 생각하지 않는다. 다만 자신의 아들이 누군가에 의해 살해됐고 그 누군가를 집에 초대해야 한다면 어떤 기분이 드는지 궁금하다.

과거에는 내가 절대로 들어갈 수 없는 곳이 많았다. 호텔도 마찬가지였다. 그런 점에서 보자면 요즘은 들어갈 수 있는 곳이 많다. 내 아들처럼 목숨을 바친 사람들 덕분에, 정의를 위해 싸웠던 사람들 덕분에 남아공은 자유로운 국가가 된 것이다. 하지만 아직이 나라 민중들의 삶은 별로 나아진 게 없다.

이 나라가 자유롭지 않다고 주장하는 게 아니다. 이 나라는 자유롭다. 하지만 나라를 책임지는 양반들이 국민의 고통을 덜어주지 못하고 있다. 남아공 국민 대부분이 가난에 허덕이고 있으며 일을 하고 싶어도 일자리가 없다. 높은 양반들이 늘 일자리를 약속하지만 그 약속은 지켜지지 않고 있다. 극빈자들에게 한 달 최저 생계비로 1200랜드(약 12만 원)가 지급되는데 도대체 어떻게 살라는 이야기인지 모르겠다.

우리가 기대했던 아파르트헤이트 이후의 세상은 절대 이런 게 아니었다. 나라는 자유로워졌지만, 전혀 새로운 정부가 들어섰지만 변한 건 겉모습뿐이라는 게 민중들 대부분의 생각이다. 또 다른 변화가 필요한 시점이다.

채리티 콘딜레 *Charity Khondile*

아파르트헤이트 체제에서 아들을 잃은 어머니다. 아들의 사망경위가 밝혀졌을 때 남아공 사회 전체가 난리가 날 정도로 처참한 죽음의 사건이었다. 그녀는 진실과 화해 위원회에 나와 "제발 부탁합니다. 내 아들을 죽인 자들을 법정에 세워 주세요. 악마 숭배자들이나 식인종들과 마찬가지로 아주 나쁜 사람들입니다. 제발 그들을 처벌해주세요"라고 말했다. 하지만 그 바람은 이뤄지지 않았다. 아들의 사건에 연루된 사람들 모두가 사면받았다.

그 결정에 승복할 수 없었던 그녀는 이제 아파르트헤이트 체제의 주역들에 대한 전폭적인 사면 등이 이뤄진 화해 과정의 부당함을 지적하며 진실과 화해 위원회를 반대하는 대열의 선봉에 서 있다.

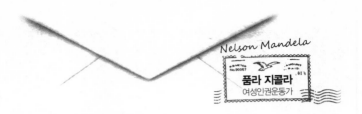

Nelson Mandela

품라 지콜라
여성인권운동가

분노하라! 분노하라!

만델라는 우상화된 정치인이라는 말이 있는데, 비현실적이고 지나치게 낭만적으로 본 것이다. 어쩌면 그 자체로는 크게 이상하지 않지만 만델라와 함께 자연스럽게 연상되는 민주주의와 새로운 남아공의 모습까지도 낭만적인 색채로 덧칠되는 문제가 발생한다.

남아공은 용서와 화해를 발판으로 삼아 민주주의 사회, 소위 무지개 국가(만델라가 대통령 취임 연설에서 "남아공은 피부색과 인종에 관계없이 국내외적으로 평화를 사랑하는 무지개 국가"라고 한 후부터 남아공을 상징하는 말이 되었다)가 수립되었다. 하지만 그 용서와 화해를 위해 남아공의 민중들은 엄청난 대가를 치러야 했다. 현란한 무지개 때문에 그 희생과 고충이 외면당하는 것 같다.

만델라가 우상화되면서 그가 진행했던 민주화 방식은 하나의 교과서적 기준이 되었고 동시에 그 용서와 화해 과정은 서사적인 영웅담이 되었다. 지금도 세계 수많은 사람이 그 영웅담을 입에 올리며 감동의 눈물을 흘린다. 하지만 그 영웅담에 가려진 민중의 피눈물은 외면당하고 있다. 만델라 우상화 과정의 결정적인 오류인 것이다.

그 무지갯빛 덧칠은 채리티 콘딜레 같은 여성들의 모습을 가리고 있다. 그녀 한 사람의 존재감은 미미하지만 신체제에 의해 면밀하게 기획되고 속전속결로 진행된 용서와 화해 과정을 바라보는 남아공 민중의 분노를 대변하고 있다. 그녀 같은 사람들이 드러나지 않는 건 결코 우연이 아니다. 새로운 체제가 의도적으로 그들의 모습을 가린 것이다.

이 무지개 국가는 특히 흑인 여성들을 무기력한 존재로만 부각시키고 있다. 진실과 화해 위원회 현장을 찍은 사진이나 테이프를 본 사람이라면 내 말의 의미를 이해할 것이다. 아파르트헤이트 체제의 범죄자들에 의해 아들을 잃은 어머니, 강간을 당했거나 모진 고문을 겪은 여성 모두 하나같이 말도 못하고 흐느끼고 있는 나약한 모습들뿐이다. 이 무지개 국가는 흑인 여성들을 항변하지도 생각하지도 못하며 말조차 하지 못하는, 따라서 아주 만만한 존재로 비하하고 있다. 그들에게는 아들의 죽음을 따지고 복수할 방법을 생각하며 정의를 외치는 채리티 콘딜레 같은 여성들은 용서와 화해의 영웅담과 신체제의 질서를 훼손하는 걸림돌로만 보일 뿐이다. 무지개 국가 체제의 주역들은 아파르트헤이트 체제에 의해 피해를 입은 흑인 민중들(특히 여성들)이 자발적으로 과거의 원수들을 용서하는 상황을 연출하고 싶었던 것이다. 반면 채리티 콘딜레 같은 사람들에게는 침묵을 종용한다.

물론 새로운 체제에 의해 달라진 것도 있다. 내가 본 세상은 1994년 전후를 기준으로 많이 다르다. 분명 옛날의 남아공이 아닌 것은 사실이다. 하지만 민중이 바란 변화가 충분히 일어나지 않은 것도 사실이다. 특히 흑인 대부분의 경제적 여건은 별로 나아지지 않았다. 흑인 민중들 입장에서는 실망스럽다 못해 분통이 터지는 상황이다. 경제적 여건이 실제로 개선될 것이라고 믿었기에 용서와 화해 과정에 동참했지만 그 결과는 보다시피다. 그 과정을 주도한 투투 대주교와 만델라는 더 이상 예전의 그들이 아니었다. 민중을 위해 죽을 때까지 싸울 거라던 투사는 사라지고 대신 원수와 아이를 사랑하는 노인네가 웃음 가득한 얼굴로 보는 사람마다 껴안고 있었다. 시위대의 선봉에 서서 체제의 부당함을 조목조목 외쳐 옛날 남아공 정부의 골머리를 앓게 만들었던 투투는 반인류적 범죄자들이 머리만 숙여도 눈물을 쏟아내는 용서의 화신이 되어 진실과 화해 위원회의 가장 윗자리에 앉아 있다. 사실 무지개 체제를 제대로 운영하기 위해서는 그런 이미지가 필요했을 것이다. 하지만 그 대가는 흑인 민중들의 희생이었다.

물질적인 기대만 무너진 게 아니다. 여전히 인종차별도 횡행하고 있다. 판자촌에 거주하는 빈곤층만이 아니라 신흥 흑인 엘리트까지도 과거의 기득권을 고스란히 유지하고 있는 백인에 의해 매일 수모를 당하고 있다. 하지만 누구도 그 부당함을 소리 높여 지적할 수 없다. 이미 화해가 이루어졌으니까. 그 점에서 보자면 경제적인 여건만이 아니라 불평등한 사회구조에도 변화가 일어나지 않았다고 말할 수 있다. 결국 진실과 화해 위원회는 진정한 정의를 구현하지 못한 것이다.

진실과 화해 위원회의 진실규명 청문회 현장을 본 적이 있는가? 태연한 표정의 가해자들이 청문회 현장에 입장한 다음, 과거의 사건에 관한 얘기를 주고받고 보고서를 작성하면서 끝이 났다. 그게 전부였다. 방청석에서 가끔씩 소요가 났던 것 말고는 어떤 처벌도, 비난도 없었다. 애초에 상처를 치유할 수도 없고 구조적인 폭력을 근절할 수도 없는 과정이라는 사실이 여실히 드러났다.

신체제 주역들이 조성한 분위기 때문에 민중들은 아파르트헤이트 범죄자들을 개인적인 범죄사건의 가해자들과는 정반대되는 방법으로 대해야 했다. 신체제 주역들에게는 모양새가 더 중요했다.

민중의 불만은 점점 불거지고 있다. 민중은 만델라와 투투 대주교를 지극히 사랑했지만 용서와 화해 과정의 결과를 더는 참을 수 없게 되었다. 만델라도 생전에 그 사실을 충분히 인식하고 있었지만 어쩔 수가 없었다. 감옥의 독방에서는 비록 좁아도 움직일 공간이 있었지만 용서와 화해 그리고 무지개 체제의 방침 아래서는 옴짝달싹할 수 없었다. 더 이상 혁명가의 모습은 없었다. 협상 테이블에서 상대방을 밀어붙이기는커녕 강탈해간 토지를 돌려달라는 말을 하지 못했다. 울고 있는 투투 대주교 곁에서 인자한 미소만 짓는 게 전부였다. 끝내 정의는 제대로 구현되지 않았고 남아공 이 땅에 실질적인 변화는 일어나지 않았다.

나는 체제가 바뀌는 그 과도기 속에서 정치적인 용서는 미덕이라고 생각하지 않는다. 용서는 할 수 있는 경우가 있고 없는 경우가 있다. 하지만 남아공이라는 나라에서는 용서할 수 없는 경우가 훨씬 많다.

상대방보다 자신을 위해 용서한다고 하지만 참으로 이해가 되지 않는 말이다. 오히려 분노가 정신건강에 좋다는 말이 더 이해가 된다. 용서의 목적이 마음 정화라면 그 목적을 위해서는 분노가 더 유용하지 않을까? 사실 불편하고 부당하며 심지어 구조적인 폭력까지 가해오는 상황에 맞서 분노를 표출해야 가슴이 후련해

지지 않는가.

아파르트헤이트 체제에서 가혹한 행동을 한 범죄자들의 죄질을 분류해 정상참작情狀參酌하는 방침조차 마음에 들지 않는다. 전부 인종차별이라는 반인류적 범죄인데 정상참작을 할 것이 뭐가 있나? 그들 모두 일정한 형량 이상의 처벌을 받아야 한다. 그렇게 정의가 구현되고 나면 그때 기꺼이 용서하겠다. 그 전까지는 절대로 용서할 수가 없다.

만델라를 비롯한 아프리카민족회의 리더들은 결코 어리숙하지 않다. 자신들의 선택이 불러올 부정적인 결과를 당연히 예상했다. 백인 자본이 해외로 대거 유출되는 사태를 막기 위해, 내전을 피하기 위해 어쩔 수 없는 선택이었다고 주장하지만 과연 누구를 위한 선택인가? 그렇다면 백인 자본이 유출되지 않고 내전이 발발하지 않아서 흑인 민중들 대부분의 삶이 지금 이 모양 이 꼴이란 말인가? 굶주림에서 벗어나고 싶다는 소박하지만 당연한 기대마저 무너진 것도 모자라 여전히 구조적인 폭력과 인종차별에 시달리고 있다. 신체제의 주역들은 '우리의 선택이 없었다면 지금보다 훨씬 심각한 상황이 벌어졌을 것이다. 우리 모두 길거리에서 죽을 수도 있었다'라는 변명만을 되풀이하고 있다. '우리 모두'라니, 기가 막힌다. 길거리에서 죽을 수 있었던 사람들은 '우리 모두'가 아니라 힘없는 흑인 민중들뿐이었다.

그냥 묵묵히 받아들이라는 강요가 더욱 화나게 만든다. 생계를 이어갈 길이 막막한 사람들에게, 기본적인 인권조차 보장받지 못하고 있는 사람들에게 현재의 처지가 그나마 다행이니 참고 살라고?

'끼니를 거르다니 안 됐다. 아이들을 제대로 교육시키지 못하니 미래가 걱정될 것이다. 경작할 땅이 없으니 앞날이 막막할 것이다. 하지만 참아라. 길거에서 총 맞아 죽는 것보다는 낫지 않은가.'

이건 위로가 아니라 인격모독이다.

아파르트헤이트의 주역들은 전혀 책임을 추궁당하지 않았다. 프레데릭 데 클레르크는 처벌은커녕 일부 사람들이 입지전인 인물로 칭송까지 하고 있다. 코미디 같은 이 상황도 화해가 성립되는 바람에 그 누구도 어쩔 수가 없다. 그 화해의 과정에 따라 데 클레르크를 비롯한 아파르트헤이트의 주범들은 모든 책임을 면제받았다. 신체제는 그들 대신 말단 경찰이나 백인 시민, 흑인 조력자들에게 모든 책임을 뒤집어씌웠다. 그러면서 민중에게는 무지갯빛 미래를 약속하며 설득 작업에 나섰다.

'과거는 과거일 뿐이다. 아파르트헤이트를 잊자. 개인적인 복수도 접자. 풍요로운 미래를 위해 다 함께 나아가자.'

결국 정의는 구현되지 않았다. 정의 없는 화해는 그 자체로 불의하다. 나는 결코 남아공에서 이뤄진 그 화해를 인정할 수 없다. 민중들 대부분도 나와 같은 생각일 것이다.

신체제의 주역들이 화려하게 포장한 용서와 화해의 대가가 바로 더 궁핍해진 민중의 삶과 실현되지 못한 정의다. 그 과정과 결과뿐만 아니라 용서와 화해에 관한 고정관념도 문제였다. 신체제는 용서와 화해는 미덕이라는 고정관념을 교묘히 이용해서 진정한 정의를 요구하는 움직임들을 오히려 정의를 훼손하는 불순한 선동으로 몰아갔다. 인간으로서 필요한 존엄성을 인정해달라고 요구하는 사람들은 모두 불순분자로 낙인찍혔다. 정말 분통 터지는 상황의 연속이었다.

신체제는 더 나은 삶을 약속하며 민중들을 용서와 화해 과정에 끌어들였다. 그래 놓고서는 자신들이 선택을 잘못해서 그 약속을 지키지 못했다. 그들은 정의를 요구하는 목소리가 터져 나온 이유를 누구보다 잘 알고 있었다. 순전히 자신들 탓이었기 때문이다. 하지만 그 상황을 내버려뒀다가는 그때까지 공들여 꾸며 놓은 무지개가 훼손될 것 같다고 느낀 나머지 시위대를 향해 총을 쐈다. 시위대는 모두 흑인이었다. 만일 백인이었다면 총을 쏠 수 있었을까? 길거리에서 쓰러뜨리지 못한 사람들은 제정신이 아닌 부류로 몰아갔다. 이것이 공권력에 의해 자행된 폭력이자 인종차별이 아니고 무엇인가! 결국 모든 대가는 민중들, 그것도 흑인이 치를 뿐이다.

원래 가부장제도와 부당한 체제의 질서유지방식이 이렇다. 부당한 질서를 유지하기 위해 가장 취약한 계층을 탄압 대상으로 삼고 그들을 정신 이상자나 존재가치가 없는 인간으로 비하하면서 탄압을 정당화시킨다. 남아공에서는 흑인이 그 대상이 된 것이다.

제도권의 기만전술에 넘어간 많은 사람이 탄압받는 사람들의 정당한 분노를 불순하고 위험천만한 질서파괴 요인으로 간주하고 있다. 하지만 그 분노야말로 진정한 변화를 불러일으킬 원동력이다. 탄압받는 사람들은 파괴를 위해 분노를 표출하는 것이 아니다. 그 분노는 침묵하지 않겠다는 의지의 표현이자 기본적인 생활과 인권을 보장해달라는 간청이다.

이제 그 분노는 갈수록 거세질 것이다. 그리고 일부 사람의 주장처럼 무정부 상태나 극심한 혼란 상태가 발생하는 일은 결코 없다.

분노의 외침 속에서 진정한 변화가 다가오고 있다. 시한폭탄처럼 똑딱거리는 소리와 함께.

품라 지콜라 *Pumla Gqola*

영국과 독일에서 유학하고 현재 남아공의 위트워터스랜드 대학교에서 교수로 있다. 남아공 사회에서 여성의 역할과 처우에 관한 강연, 저술 등을 통해 남아공의 대표적인 대중지식인이자 여성인권운동가로 활동하고 있다. 특히 17초마다 강간사건이 발생하는 남아공의 현실을 안타깝게 생각하고 있다. 글과 집회를 통해 대중의 경각심을 일깨우고자 노력하고 있다.

"강간범죄가 갈수록 기승을 부리는 이유는 여성에 대한 폭력에 너그러운 사회풍토 때문이다. 여성은 인간이 아니므로 여성의 고통은 대수로울 게 없다는 전근대적 남성우월주의, 아니 남성 유일주의적 발상이 아직까지도 굳건해서 강간을 비롯한 여성 대상의 범죄가 근절되지 않고 있다. 우리가 관용을 베풀기에 그런 사악하고 비열한 남성들이 이 캠퍼스에서, 이 도시에서, 이 나라에서, 이 세계에서 먹잇감을 찾아 흉측한 눈알들을 굴리고 있는 것이다. 여성 대상의 범죄는 강력히 처벌해야 한다. 최소한 이 경우에는 관용을 베푸는 것이 곧 범죄다. 우리가 스스로 문제를 만드는 것이니까!"

만델라에게 보내는 편지

1판 1쇄 인쇄 2014년 11월 20일
1판 1쇄 발행 2014년 11월 27일

엮은이 사샤 아브람스키, 칼로 마타바네, 크리스티안 비츠
옮긴이 안진환

펴낸이 김병은
기획편집 서진
책임편집 전용준
마케팅 조윤규

펴낸곳 프롬북스
등록일 2007년 2월 1일(제313-2007-000021호)
주소 경기도 고양시 일산동구 정발산로 24번지 (장항동) 웨스턴돔타워 T1-706호
전화 031-926-3397
팩스 031-926-3398
이메일 edit@frombooks.co.kr

ISBN 978-89-93734-39-3 03300

새로운 사람들이 짐을 져야 할 때가 왔다.

이제 여러분의 책임이다.

The Legacy of Nelson Mandela